Indien
Fest der Farben

Indien
Fest der Farben

Fotografie Boris Potschka
Text Peter Pannke
Mit einem Vorwort von Raj Kamal Jha

Frederking & Thaler

Inhalt

Vorwort 7

Shveta – Der Glanz der Morgenröte 17
Lal – der Name des Geliebten 47
Geru – die ockerfarbene Robe 75
Hara – das Wasser des Lebens 113
Nil – das Blau von jenseits des Meeres 147
Kala – die kosmische Nacht 175

Bild- und Zitatnachweis 191

Vorwort

von Raj Kamal Jha

Ich muß etwas gestehen: Ich habe eine leichte Form von Rot-Grün-Blindheit. Nicht schlimm, denn wenn ich Blut sehe, weiß ich, daß es rot ist, wenn ich Gras sehe, weiß ich, daß es grün ist. Verwirrend wird es dort, wo Farben sich mischen. Doch wenn ich mir die Fotografien von Boris Potschka ansehe, stellt diese Einschränkung kein Problem dar. Denn in seinen Bildern sehe ich nicht nur Farben, ich sehe Geschichten in unterschiedlichen Farben, und das ist das Besondere an diesem Buch.
Nicht-indischen Augen mögen diese Bilder schön und zart erscheinen, traurig und aufwühlend; mir rufen sie eine Realität ins Bewusstsein, die ich sonst gern beiseite schiebe: daß Farben in Indien gleichzeitig schön und schrecklich sind, abstoßend und anregend.
Unsere Haut ist zumeist braun, aber vielen von uns wäre weiß lieber. Da das nicht geht, haben wir uns mit hell abgefunden. Überall werden aufhellende Hautcremes angeboten, alle Models sind hellhäutig, alle Filmstars. In Anzeigen werden »helle« Bräute gesucht, »weizenfarbene«, so der übliche Ausdruck, eine Mischung aus Braun, Weiß und etwas Gold. Unterdessen betteln die Obdachlosen, braun, an den Straßenkreuzungen, und in den Dörfern sorgen sich sieben von zehn Menschen um das tägliche Essen; ihre Hautfarbe ist meist hellbraun, wie der Lehm, aus dem ihre Häuser gebaut sind. Die Spanne dazwischen füllen weniger harte Farben, die »traditionellen« leuchtenden indischen Farben zahlreicher Bildbände und Fernsehdokumentationen. Das blutrote Zinnober im Scheitel einer Frau, das strahlende Gelb und Orange der Saris, die Farbe der indischen Speisen, auf der ganzen Welt zu Klischees gefroren. Das Gelb des Senföls im grünen Mango-Pickle, das sich mit dem Rot der Chillies und dem Braun des Zimts mischt.
Potschka verzichtet auf diesen üblichen Filter. Er nimmt seine Kamera, sieht sich seine Motive an und sucht eine Geschichte. Und so gelingt es ihm auf brillante Weise, das Bild einer vielfältigen, vielfarbigen Welt zu malen: gehetzt und selbstbewußt, reich und arm.
Sehen Sie sich den nackten Jungen an, der auf einer Steinplatte liegt. Er trägt nichts als ein schwarzes Bändchen um die Taille und ein rotes mit ein bißchen Gelb ums Handgelenk. Genau solche Bändchen hat meine Mutter mir in dem Alter umgebunden, um den bösen Blick abzuwehren. Oder die Terrasse eines Hauses, von Dächern umringt, der Himmel darüber bleiern grau. Doch schaut man genau hin, sieht man von links die Farbe der Hoffnung ins Bild sickern, das Licht der Sonne. Oder das junge Mädchen, das den Fotografen ansieht – mit Augen so groß wie Sterne und einer Hand vorm Gesicht –, und das sich kaum von einem schüchternen jungen Mädchen in einem deutschen oder holländischen Dorf unterscheidet. Der Unterschied liegt in den Farben, den Farben auf ihr und um sie herum. Es ist, als wäre die Geschichte die gleiche, nur das Papier, auf das sie geschrieben wurde, ist anders, vielleicht auch das Schriftbild. Boris Potschka feiert diesen Unterschied.

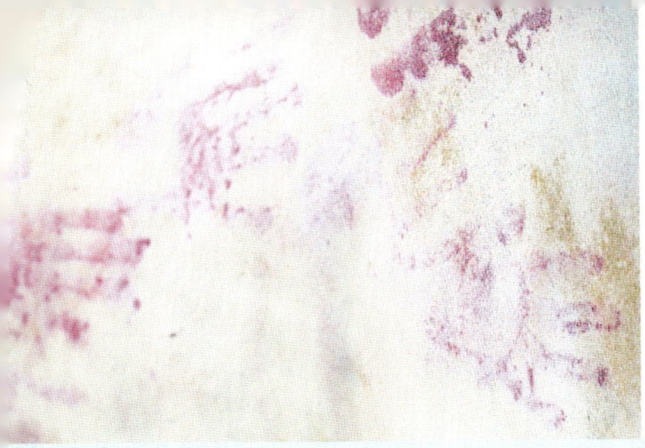

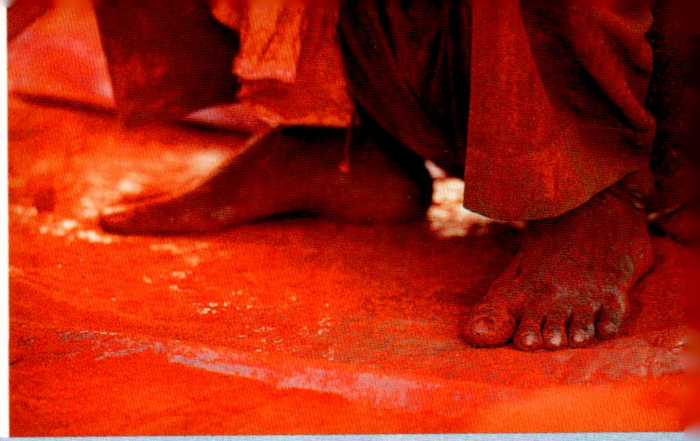

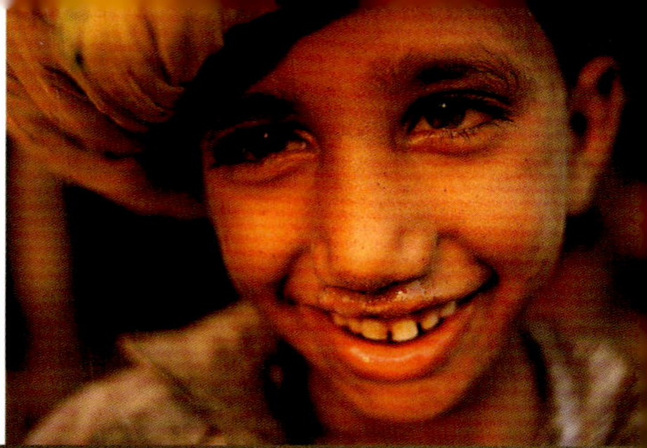

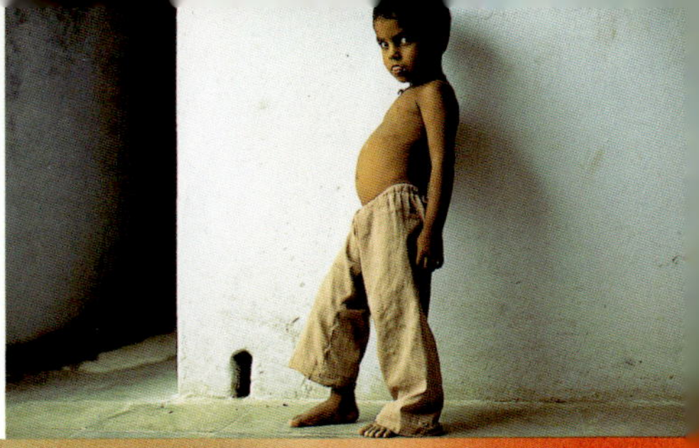
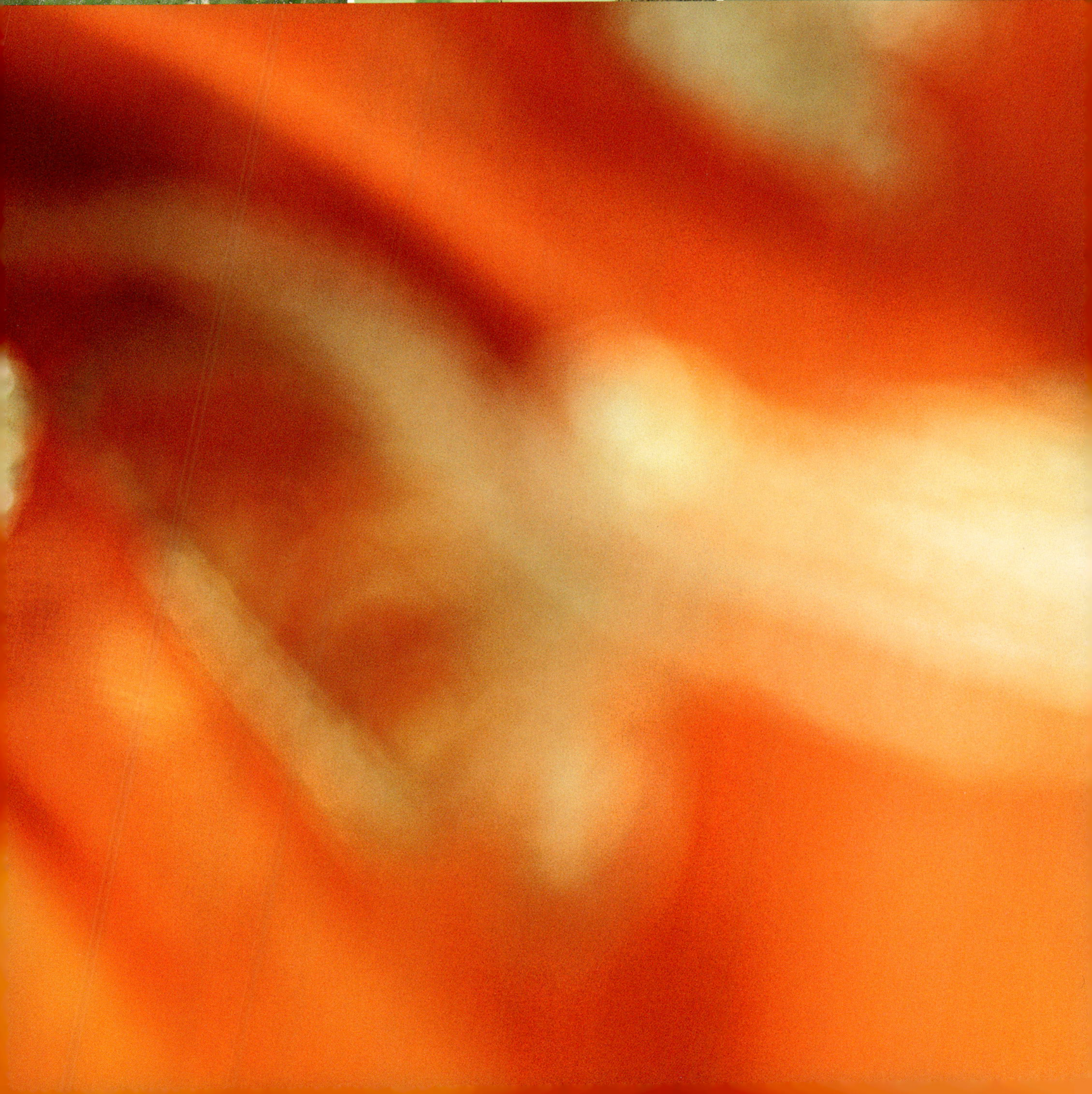

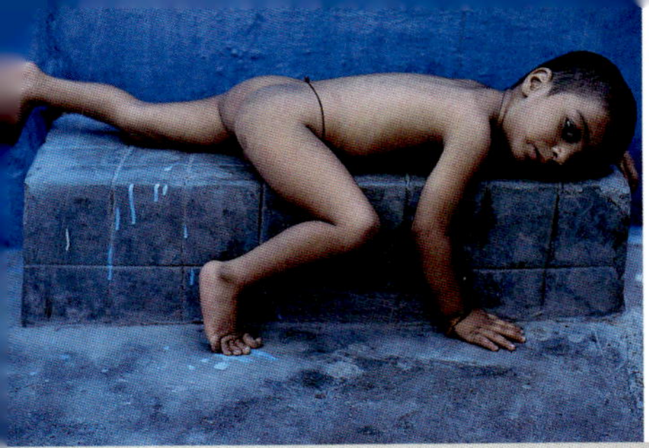

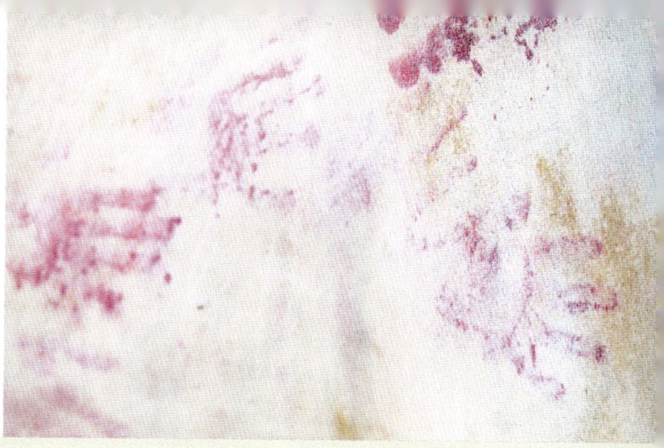

Shveta – Der Glanz der Morgenröte

Aus **Weiße** besteht des Tages Leuchten, und weiß ist auch der welterhellende Mond. Erzwungen ist jede andere Farbe und Weiß allein ganz unvermischt. Darum tragen wir Zarathustrier beim Beten auch weiße Gewänder.

Urvashi war eine Apsaras. So heißen die himmlischen Nymphen, Tänzerinnen und Gefährten der Gandharven, der Hofmusiker des alten Götterfürsten Indra. Zusammen mit den pferdeköpfigen Kinnaras bilden sie eine seltsame Gruppe von Wesen, die zwischen den Göttern und den Menschen hin und her gehen. Auch Urvashi gelüstete es nach einem Ausflug in die Welt der Menschen. Zusammen mit ihren Gefährtinnen nahm die schönste der Apsarasen die Gestalt einer Wildente an und ließ sich auf einem See in einem Bergtal des schneebedeckten Himalaya nieder. Da erblickte Pururavas, der Sohn Somas, die Schöne – ein Menschenkönig, großzügig, tugendhaft, ein schöner und intelligenter Mann. Bei ihrem Anblick schwor er sich, sie für sich zu gewinnen; niemals sollte eine andere Frau ihre Stelle einnehmen. Er konnte an nichts anderes mehr denken als an sie, an ihr Lachen und an den Zauber, der von ihr ausging. Urvashi erging es ebenso. Als sie ihn erblickte, verlor sie all ihren Stolz, jegliches Interesse an den himmlischen Welten und dachte voller Hingabe nur an ihn. Einander völlig verfallen, konnten sie ihre Blicke nicht mehr voneinander lösen und vergaßen alles, was sie je im Leben angestrebt hatten. Aber Urvashi stellte drei Bedingungen, die Pururavas erfüllen mußte, um als Mensch die gefährliche Verbindung mit einer Apsaras eingehen zu können: Er durfte sie nur lieben, wenn sie es wollte; er durfte sich ihr niemals nackt zeigen, und er durfte ihr keine andere Nahrung geben als täglich einen Tropfen *ghee*, geklärte Butter. Diese feministisch anmutenden Forderungen haben einige moderne Indologen dazu bewogen, die Begegnung von Urvashi und Pururavas als die Begegnung der alten matriarchalischen Kultur Indiens mit der patriarchalischen der arischen Einwanderer zu interpretieren. Urvashi repräsentiert die alte indische Gesellschaft, die mythische Gesellschaft der Gandharven, der Meister der Künste, der Musik, aber auch der Verstellung.

Als Urvashi eins der beiden Lämmer, die sie an ihr Bett – das sich in einem Baum befindet – gebunden hat, blöken hört, als würde es entführt, fordert sie Pururavas auf, den Dieb zu stellen. Wieder blökt es, auch das zweite Lamm wird gestohlen. Aber Pururavas befürchtet, sie könnte ihn nackt sehen, und zögert. »Ich habe keinen Mann!«, ruft Urvashi. »Ich habe einen Feigling im Bett!«

Doch in Wirklichkeit hatten die Gandharven den Raub der Lämmer nur akustisch vorgetäuscht, weil sie Pururavas die schöne Apsaras wieder wegnehmen wollten. Und tatsächlich greift der in seiner Mannesehre getroffene Pururavas zum Schwert und springt aus dem Bett, um die Diebe zu verfolgen. Doch da fügen die Gandharven dem akustischen Kunststück ein optisches hinzu und lassen es blitzen.

Urvashi, die den König nackt sieht, verschwindet auf der Stelle. Der Ehevertrag ist gebrochen. Als Pururavas mit den beiden Lämmern zurückkehrt und seine Frau nicht mehr vorfindet, läuft er wie ein Verrückter um die halbe Erde, um sie zu suchen, und findet sie schließlich an dem Teich, an dem er ihr das erste Mal begegnet ist. Das Gespräch der beiden ist in den Veden überliefert: »Du, die du der Schrecken meines Herzens bist, du, die du mich mit deinen Worten betrogen hast, bleib bei mir!«, fleht Pururavas sie an. »Dies ist kein Benehmen, das sich für einen König ziemt«, antwortet sie. »Ich bin schwanger. Kehre nach Ablauf eines Jahres hierher zurück, und ich werde die Nacht mit dir verbringen.« Und so geschieht es fünf Mal. Jedesmal wird Urvashi schwanger.

Diese Geschichte wird in verschiedenen Versionen erzählt. In einer davon bietet Urvashi Pururavas nach seinem fünften Besuch an, daß ihm die Gandharven einen Wunsch erfüllen. »Alle meine Feinde sind besiegt, ich bin im Vollbesitz all meiner Kräfte«, erwidert Pururavas. »Mein Heer und meine Schätze sind unerschöpflich. Mir bleibt nichts mehr zu wünschen als das Recht, mit Urvashi zusammen in ihrer Welt zu leben. Ich möchte meine ganze Zeit mit ihr verbringen!« Selbstverständlich machen es ihm die Gandharven nicht leicht. Sie geben ihm ein Gefäß mit einem brennenden Feuer. Er soll es in drei gleiche Teile teilen und damit ein Opfer entzünden. Pururavas nimmt das Gefäß und geht.

Auf dem Weg erst fällt ihm ein, daß er Urvashi zurückgelassen hat. Er kehrt um, vergißt aber diesmal das Gefäß. Also kehrt er wieder um, aber diesmal ist das Gefäß verschwunden. Dort, wo er es abgestellt hatte, haben sich ein Sami-Baum und ein Ashvattha miteinander verflochten. In dieser Version der Geschichte gelingt es Pururavas schließlich, sich mit Hilfe eines aus diesen beiden Bäumen erzeugten rituellen Feuers in einen Gandharven zu verwandeln und so mit Urvashi auf Dauer zu vereinigen, in einer anderen irrt er noch immer um die Erde, um sie zu finden.

Urvashi bedeutet Morgenröte. In den Veden gibt es noch einen anderen Namen für sie. Die Hymnen, in denen vedische Seher Urvashi mit flammenden Farben als Göttin der Morgendämmerung preisen, gehören zu den schönsten der ganzen Sammlung. Tochter des Himmels wird sie genannt, Schwester der Nacht.

Manchmal gilt sie als Frau der Sonne, manchmal als Geliebte des Agni, des Feuergottes. Auf einer goldenen Kutsche, die von rötlichen Pferden oder Kühen gezogen wird, schwebt sie heran, gekleidet wie eine mit Juwelen bedeckte Tänzerin, ein junges Mädchen, das gerade aus dem Bad kommt, lächelnd, voller Vertrauen in die eigene Schönheit.

Die indische Morgendämmerung ist mehr als nur eine Farbe – sie ist eine Zeit, eine Stimmung, die nur von Dichtern beschrieben werden kann. Jeden Tag kommt sie neu, anders und doch jedesmal gleich. Ihre Farben sind vielfältig, schillernd. Aurora, ihre lateinische Bezeichnung, weist auf den Glanz des Goldes hin. Noch immer ist »Au« das chemische Zeichen für das Element Gold. Aber in der goldenen Aurora ist hier das Rot versteckt, denn die Römer haben Gold, das in seiner reinen Form zu weich zum Verarbeiten ist, mit Kupfer legiert. Bis zum Beginn des 20. Jahrhunderts wurde das sogenannte Rotgold für Schmuckstücke bevorzugt – goldener Glanz, den die Morgenröte mit sich bringt.

Aber müssen Inder Farben nicht anders sehen als Mitteleuropäer? Nicht nur, daß unter der gleißenden Sonne Indiens manches problemlos nebeneinander steht, was wir in den nebelverhangenen Zonen nördlicherer Länder als widersprüchlich, schrill, gar schreiend obszön wahrnehmen – auch die Bedeutungen sind anders, die die Inder ihren Farben geben. Sie lösen Signale aus, tragen Botschaften mit sich, die entschlüsselt werden wollen. In den Nuancen und Schattierungen der indischen Palette offenbart sich eine Kultur, die die Welt aus einem ganz anderen Blickwinkel betrachtet als die unsere. Während westliche Köpfe eine Unmenge wissenschaftlicher Farbsysteme entworfen haben, die allesamt Ordnung in die unüberschaubare Vielfalt von Farben zu bringen versuchen, die das menschliche Gehirn wahrnimmt, ist der Umgang Indiens mit Farben eher tänzerisch, musikalisch, rhythmisch. Viel mehr noch als im Westen spiegeln sich im indischen Farbenkosmos die Tageszeiten, die Stationen des Jahreslaufs, der Zyklus von Geburt und Tod und die Riten des Übergangs. Und immer wieder sind es Klänge, die durch die Farben hindurchschimmern, was auch in der Verwandtschaft der indischen Begriffe für Melodie und Farbe – *rag* und *rang* – zum Ausdruck kommt. Ein Raga, so lautet die indische Definition eines melodischen Typs, ist das, was den Geist färbt.

Die Wahrnehmung von Farben wird aber nicht nur von dem unterschiedlichen Licht bestimmt, das die Sonne auf die verschiedenen Breitengrade des Globus wirft. Daß jede Kultur anders mit Farben umgeht, liegt auch an der Sprache. Weit über einhunderttausend, vielleicht sogar mehr als eine Million Farbtöne kann das menschliche Auge unterscheiden, doch eine Bezeichnung haben wir nur für eine verschwindend geringe Anzahl.

Wie das Gehirn die überaus komplizierte Aufgabe bewältigt, diese Farben wahrzunehmen und zu ordnen, ist bis heute nicht endgültig geklärt. Das liegt an der vieldeutigen Natur des Lichts. Die Farben, die wir Menschen sehen – Tiere haben übrigens eine ganz andere Farbwahrnehmung –, werden durch die Wellenlängen des Lichts bestimmt. Unser Auge nimmt nur einen kleinen Ausschnitt davon wahr, die Farben des Prismas nämlich, die man auch im Spektrum eines Regenbogens sehen kann. Wie viele es sind, hängt von der sprachlichen Differenzierung ab, wie die Geschichte der Regenbogendarstellung zeigt.

Isaac Newton, der als erster mit der Brechung von Lichtstrahlen experimentierte, zählte 1665 elf verschiedene Farben. Später sprach er von fünf, und in seinem 1704 erschienenen Werk *Opticks* war von sieben die Rede.

Wie viele Farben hat nun der Regenbogen? Am unteren Ende, mit den längsten Wellen, steht Rot. Orange, Gelb, Grün, Blau und Violett schließen sich an. Das sind allerdings erst sechs Farben. Als siebte wird entweder ein leuchtend-blaues Indigo zwischen Rot und Violett oder aber Purpur zwischen Rot und Blau ergänzt. Purpur taucht im Regenbogen allerdings gar nicht auf. Es dient quasi als Bindeglied, mit dem sich aus den Farben ein Kreis schließen läßt. Im Spektrum des Regenbogens ist die Skala nach beiden Seiten offen. Vor dem Rot liegen, für uns unsichtbar, die infraroten Wellen, die in die immer länger werdenden Radar- und Radiowellen übergehen. Am anderen Ende geht das Violett in die immer kürzer werdenden UV- und Röntgenstrahlen und schließlich in Y-Strahlen über.

Wie ein menschliches Auge, wie eine Kultur oder ein Zeitalter die Farben des Regenbogens wahrnimmt, kann durchaus unterschiedlich sein. In der Offenbarung des Johannes ist von einem einzigen, smaragdenen Regenbogen die Rede. In der christlichen Kunst des Mittelalters wurde er manchmal aus zwei Farben gebildet, meist aber, der Dreifaltigkeit entsprechend, aus drei. Auch Aristoteles sprach von einem dreifarbigen Regenbogen. Modelle mit vier Farben orientierten sich im Abendland an den vier Elementen; in China, wo man den vier Himmelsrichtungen als fünfte die Mitte hinzufügte – natürlich Gelb –, bekam auch der Regenbogen fünf Farben. Goethe zählte sechs, Newton sieben. Ovid und Vergil sprachen von einem tausendfarbigen Regenbogen; und in der indischen Chakra-Psychologie repräsentiert ein tausendblättriger und tausendfarbiger Lotos das oberste, das Sahasrara-Chakra, ein Symbol der Erleuchtung, des strahlenden Lichts des Bewußtseins. Aber damit gelangen wir aus der Welt der Erscheinungen in die innere Welt, denn die Farben der Chakras sind Farben, die in der Meditation vor dem inneren Auge erscheinen. Doch die Farben, die wir zu erkennen glauben, geben keine objektive Wirklichkeit wider, sondern sind Produkte unseres Gehirns. Schon Newton stellte fest, daß es draußen in der Welt eigentlich gar keine Farben gibt, sondern lediglich Strahlen und Wellen von unterschiedlicher Intensität und Geschwindigkeit, die durch unsere Augen gehen und irgendwo in unserem Kopf als Farben gedeutet werden. »Die Farben sind der Ort, an dem sich unser Gehirn und das Universum begegnen«, erklärte der Maler Paul Cézanne. Sie »steigen von den Wurzeln der Welt auf«, sind »der Ausdruck dieser Tiefe an der Oberfläche«. Und Vincent van Gogh schrieb 1882 an seinen Bruder Theo, daß in den Farben »verborgene Dinge von Harmonie und Kontrast« zu finden seien, die »durch sich selber wirken und die man durch kein anderes Medium ausdrücken kann«.

Wenn wir den äußerst komplexen kulturellen Lernprozeß zurückzuverfolgen versuchen, den das Erlernen des Sehens für die Entwicklung des Menschen bedeutete, stoßen wir am Anfang unweigerlich auf Weiß und Schwarz, Finsternis und Licht. Für die physiologische Wahrnehmung von Helligkeit verwendet das Auge eine eigene Form von Sehzellen, die Stäbchen – die andere Form lichtempfindlicher Zellen, zuständig fürs Farbensehen, sind die Zapfen. Die Lichtempfindung ist die primäre Wahrnehmung; Farben folgen später. Die erste eigentliche Farbe, die Menschen wahrnahmen, war das rote Ocker, das man noch heute auf den Felsenzeichnungen der Urzeit sehen kann. Auch in den Farbtheorien der Antike kam immer Rot als dritte Farbe zu Schwarz und Weiß hinzu. *Ochron* nannte es Empedokles, daher unser »ocker«.

In allen Sprachen ist Rot das erste Wort, das eine Farbe bezeichnet; als zweiter Begriff kommt entweder Grün oder Gelb hinzu. Die vierte Stelle nimmt Blau ein, womit allerdings die Unklarheiten beginnen. Hier zeigt sich nämlich, daß die Einteilung des Spektrums nicht von allen Kulturen gleich gehandhabt wird. Im Bretonischen und Walisischen etwa gibt es nur ein einziges Wort für Blau und Grün, nämlich *glas*. Als Nächstes in der Hierarchie folgen Braun oder Grau – und damit ist im Deutschen wie in den meisten anderen Sprachen die Anzahl der einsilbigen Farbwörter erschöpft. Zweisilbige Bezeichnungen wie Lila oder Purpur tauchen immer erst später auf. Ganz augenfällige Unterschiede gibt es auch in der Art und Weise, wie man mit Farben umgeht. In Indien hatte man nie die eigentümliche Angst vor Farben, die die gesamte abendländische Geistesgeschichte durchzieht. Schon den antiken Autoren waren Farben verdächtig. Sie erschienen ihnen – wie später den christlichen Denkern – als eine Trübung des Lichts. Plato etwa erklärte die Entstehung der roten Farbe mit den Tränen, die die Augen trüben, wenn wir zu nahe ans Feuer gehen: »Vermöge des durch die Feuchtigkeit schimmernden Strahls des vermischten Feuers wird eine Farbe ähnlich der des Blutes erzeugt.« Aber auch der Schimmer, der entsteht, wenn man durch tränende Augen etwas betrachtet, hat für Plato die Qualität einer Farbe, nämlich der des »Glänzenden«. In der Sprache blieb dieser Prozeß des Sehenlernens in der Benennung der Farben erhalten. Das deutsche »Weiß« etwa entstand aus »Weizen«, der wichtigsten Nahrungspflanze. In den romanischen Sprachen hat »Weiß« eine andere Wurzel. Dem italienischen *bianco* und dem französischen *blanc* entspricht das deutsche »blank«. Das deutsche »leuchten« wiederum ist mit dem griechischen *leukos* verwandt, das »weiß« bedeutet. Die Analogie von Weiß und Glänzendem, Leuchtendem gibt es auch im Indischen. Wenn wir von der Göttin Sarasvati lesen, daß sie weiß gekleidet auf einer Lotosblume sitzt, steht im indischen Originaltext nicht *safed*, »weiß«, sondern *shveta*, was »glänzend« oder »leuchtend« bedeutet – das Strahlen der Göttin. Als »weiße Göttin« bezeichnet Robert Graves diese Figur, der Dichter und Seher rund um die Erde seit Urzeiten gehuldigt haben.

Der Besitz eines weißen **Elefanten** war in Indien das Vorrecht eines überragenden Herrschers. Er war ein Symbol der Macht, diente aber auch zu magischen Zwecken und zur Kriegsführung. In dem enzyklopädischen Werk *Hastyayurveda*, der »Heiligen Weisheit vom langen Leben der Elefanten«, und in der »Vergnüglichen Abhandlung über die Elefanten«, *Matangalila*, wird über seine Herkunft berichtet.

Airavat war der Name des Stammvaters aller Elefanten, der, zusammen mit dem Sonnenvogel Garuda, einem Ei in der Hand Brahmas entschlüpfte. Ursprünglich hatten auch Elefanten Flügel und schwebten wie Wolken durch den Himmel, bis einem Schwarm fliegender Elefanten das Mißgeschick passierte, sich den Zorn eines heiligen Büßers zuzuziehen. Unter dem Riesenbaum, auf dem sie sich niedergelassen hatten, unterrichtete der fromme Asket gerade seine Schüler. Die Last war jedoch zu groß, und als die Elefanten auf den Boden purzelten und die Schüler erdrückten, verfluchte sie der Asket und nahm ihnen ihre Flügel – womit sie nicht nur die Fähigkeit zu fliegen einbüßten, sondern auch die, sich wie Wolken in jede beliebige Form verwandeln zu können. Aber immer noch werden sie *megh*, »Wolke«, genannt, und im *Hastyayurveda* wird berichtet, wie ihnen die hohen Beamten eines Reichs huldigen: »Würden sie den Elefanten nicht verehren, wären der König und sein Reich, das Heer und die Elefanten zum Untergang verurteilt, denn sie hätten eine Gottheit mißachtet. Wird jedoch dem Elefanten die gebührende Verehrung gezollt, werden sie wachsen und gedeihen, und ebenso ihre Söhne und Frauen, das Land, das Heer und die Elefanten selbst. Die Ernten werden zur rechten Zeit emporsprießen, Indra, der Regengott, wird zur gewohnten Zeit Regen senden, und es wird weder Pest noch Dürre sein.« Der wertvollste und seltenste aller Elefanten aber, der weiße Elefant, ist in Wirklichkeit rötlich, ein Albino mit hellen oder rosafarbenen Flecken.

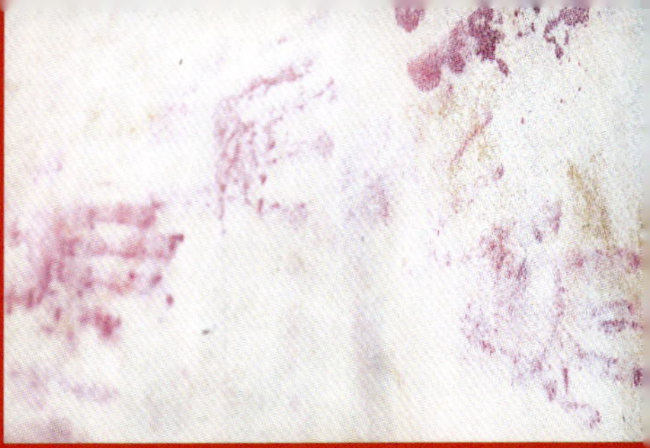

ला

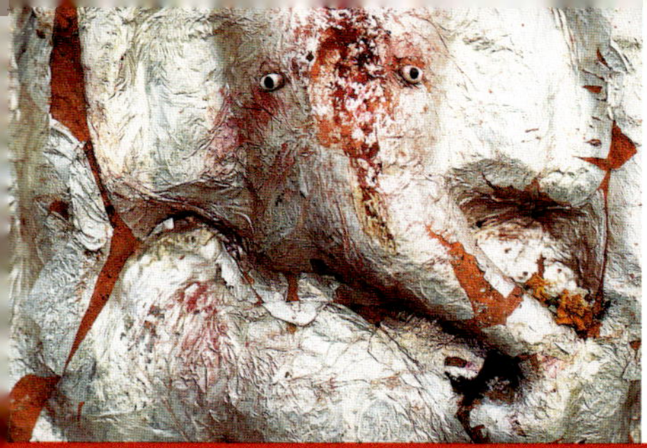  

Lal – der Name des Geliebten

ल

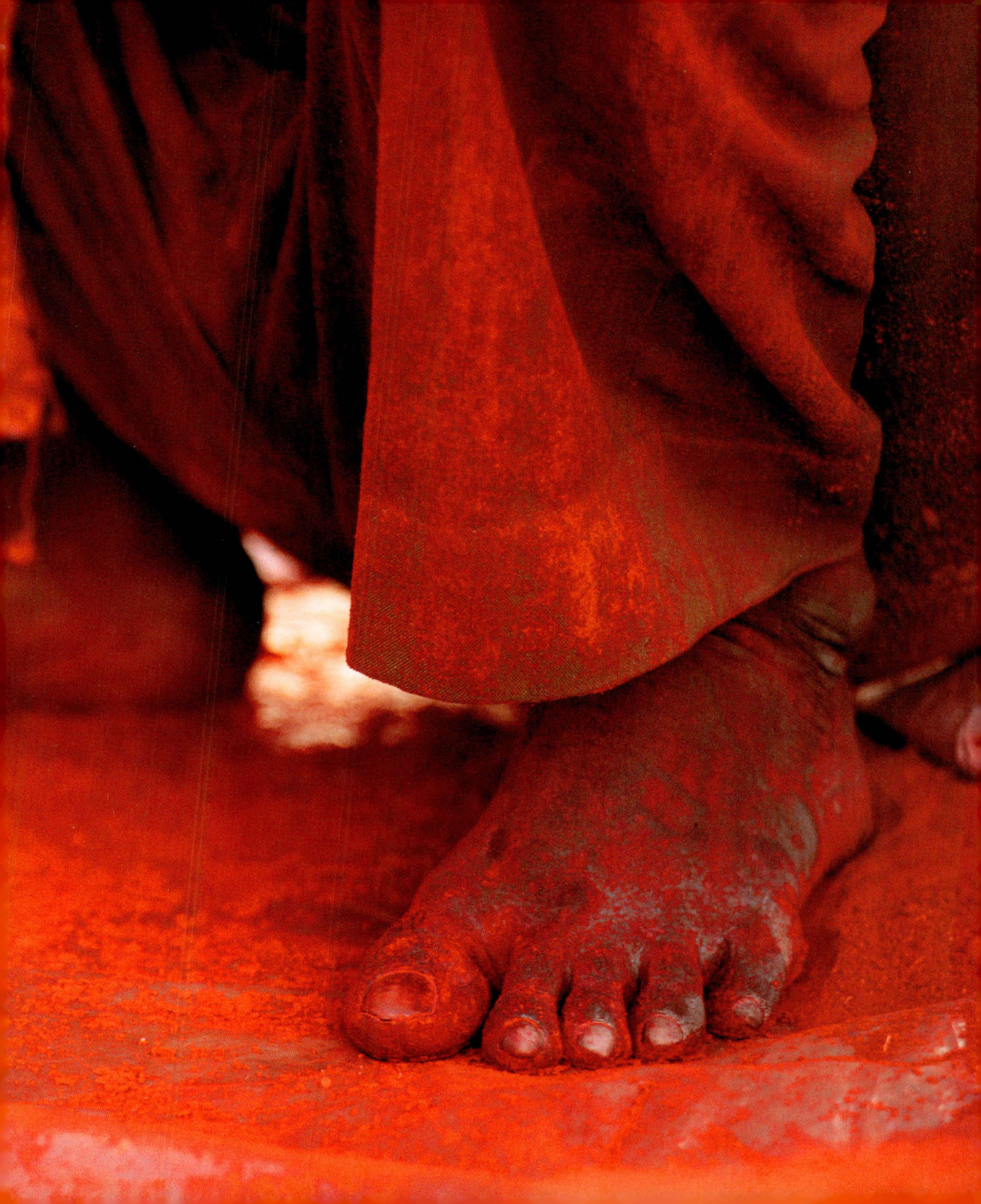

Durch seine Röte ist kostbar so mancher Edelstein,
und die Alchimisten nennen das Gold »Roter Schwefel«.
Rot ist auch die Seele des Lebens, und von ihr hat das Blut
Farbe und Feinheit, wodurch denn Rot aller Schönheit
Quelle ist – so wie die rote Rose nicht des Gartens Königin
wäre ohne ihr Purpurgewand.

»Gebildete Menschen haben einige Abneigungen vor Farben«, notierte Goethe in seiner *Farbenlehre*. »Naturmenschen, rohe Völker, Kinder haben eine große Neigung zur Farbe in ihrer höchsten Energie und also besonders zu dem Gelbroten. Sie haben auch eine Neigung zum Bunten.« Die »sinnlich-sittliche« Wirkung, die er den Farben zuschrieb, erstreckte sich auch auf die Mode. Die gedeckten Kleiderfarben, die er gebildeten Menschen vorschrieb, wirken in der deutschen Mode bis heute nach. Aber Goethe mißfielen ja auch die vielarmigen indischen Götter. »Für allemal« wollte er die »Bestien aus dem Göttersaal« verdrängen; die »leidigen Elefanten-Rüssel, das umschlungene Schlangen-Genüssel« brachten ihn zur Verzweiflung.

In der indischen Kunst wurde die schwarz-weiße Zeichnung nie als eigenständiges Medium entwickelt. Selbst das berühmte Porträt des sterbenden Inayat Khan, das ein Hofkünstler für den Mogulfürsten Jahangir anfertigte, war nur eine Vorstudie für ein farbiges Bild, das nie vollendet wurde. Als die portugiesischen Jesuiten aus Goa am Hof ihre mit Holzschnitten geschmückte Bibel präsentierten, war das Befremden groß, denn diese Bilder wirkten auf die indischen Betrachter, als müßten sie erst noch farbig ausgemalt werden.

Im Abendland dagegen galt Farbe nicht nur als zweitrangig, sondern auch als unberechenbar. Messen konnte man Farben in der Tat erst, nachdem Newton die Wellennatur des Lichts entdeckt hatte, und gemessen wurden auch nicht die Farben an sich, sondern die Frequenzen der Wellenlängen, die dem Gehirn einen Anhaltspunkt für die Umsetzung in Farben bieten. Wenn überhaupt Farbe, dann wollte schon Plinius nur strenge, herbe Farben gelten lassen, nicht aber die allzu schönen *colores floridi*. Der christlichen Kirche war Farbe nicht nur suspekt, sie galt geradezu als unmoralisch, als eine Trübung der *splendor* und *claritas* des göttlichen Lichts. Den Kirchenvätern erschien nur ungefärbte Wolle ein angemessenes Gewand für die Frommen, und Beatus wetterte in seinem Kommentar zur Apokalypse gegen die »lächelnden« Rot-, Grün- und Gelbtöne, durch die die Reinheit der Wolle getrübt werde. Für ihn »verkörperten diese Farben die vielfältigen Ketzereien, welche die Reinheit der Gottheit befleckten«.

Der Goldgrund mittelalterlicher Tafelbilder und Miniaturen vermittelt ebenso das Streben nach jubelndem Glanz, nach höchstmöglicher Intensität und Klarheit wie die Glasfenster der mittelalterlichen Kathedralen. Glanz und Farbe waren Eigenschaften, die der himmlischen Welt vorbehalten sein sollten – die in orientalischer Farbenpracht leuchtenden Gewänder der Gesandten am Hof von Byzanz wurden als Ausschweifung mißbilligt: »Wie in irgendeinem bunten Aufzug überreichten sie dem Kaiser die Geschenke, die ihre eigenen Völker schätzten, manche reichten Kronen aus Gold dar, andere mit Edelsteinen besetzte Diademe, einige brachten blonde Knaben, andere wieder barbarische Gewänder, bestickt mit Gold und Blumen.«

Diese stammten natürlich aus dem Osten. Helle Tuniken und Hosen, die von hunnischem Einfluß zeugten, wurden zum Kennzeichen der römischen Heeresuniform, persische Weber wurden

nach Byzanz und Rom geholt. Orientalische Schmuckstoffe hatten sich von Nordafrika aus schon im ersten Jahrhundert über das gesamte Römische Reich ausgebreitet. Der arabische Reisende Ibn Jobair berichtete, daß die Christenfrauen am Weihnachtstag 1185 im Dom von Palermo »ganz wie Musulmaninnen« Seidenstoffe, bunte Schleier, goldbestickte Schuhe, Parfum und Schminke trugen. Und mißtrauisch stellte der asketische Zisterzienser Bernhard von Clairvaux fest: »Man stellt wunderschöne Bilder eines heiligen Mannes oder einer heiligen Frau zur Schau, und je kräftiger die Farben dieser Bildwerke sind, für desto heiliger hält man die Dargestellten.« 1134 verbot sein Orden denn auch die bunten Glasfenster in den Kirchen, weil das bunte Licht von der Andacht ablenke. Daß Fachleute eher auf Maltechnik und Aufbau eines Bildes achten, während der Laie eher von Farben beeindruckt ist, hat man auch in Indien festgestellt. Schon sehr früh in der indischen Psychologie, in der *Brhadaranyaka Upanishad*, tauchte der Gedanke auf, daß es nicht die Objekte selbst sind, die das Auge sieht, sondern farbige Flecken. Wahre Kenner freilich, die *rasikas*, schätzen in erster Linie den *rasa* oder *bhava*, den Gesamteindruck, den ästhetischen Genuß.

Ein Kunstwerk, so der indische Kunsthistoriker Ananda K. Coomaraswamy, gilt in Indien als ein *kama-dhenu*, ein »wunscherfüllender Baum«, der jedem das gibt, was er sich am meisten wünscht. So hat Indien sich auch die Debatte über *disegno* und *colore* erspart, die im 16. Jahrhundert in Venedig entbrannte, also den Kampf um die Frage, was höher zu bewerten sei, Form oder Farbe. Nur der Unkundige werde von bloßen Farben angezogen, meinte schon im 14. Jahrhundert der italienische Humanist Giovanni Conversino von Ravenna. Ein Gemälde sei nicht so sehr wegen »der Reinheit und Erlesenheit der Farben« zu bewundern als wegen »der Anordnung und des ausgewogenen Verhältnisses seiner Teile«. »Farbe galt als unmoralisch«, stellt der Kunsthistoriker Kenneth Clark fest, »vielleicht mit Recht, weil der Eindruck, den sie hervorruft, etwas Unmittelbares ist, unabhängig von den wohlgeordneten Erinnerungen, auf denen Moralität beruht.« Und in seiner Erörterung moderner Kunst mit dem Titel *Color Codes* betont Charles A. Riley, daß »Farbe eine Quelle von Angst« sei und viele Künstler mit Unbehagen erfülle, aber »eben weil Farbe nach wie vor eine weitgehend unbekannte Kraft ist, bleibt sie eine der vitalsten Quellen für neue Stile und Ideen«.

Indische Fotografen hatten nie solche Vorbehalte gegen die Farbfotografie. Der indische Fotograf Raghbir Singh berichtet, wie Henri Cartier-Bresson die Bände mit Farbfotografien, die er ihm zeigen wollte, desinteressiert beiseite schob. »Ich wußte, daß er die Farbfotografie verabscheut«, erzählt Singh. »Anders als die Menschen im Westen, haben die Inder Farben immer intuitiv gesehen und verwendet. In Indiens klassischer Ästhetik ist die menschliche Imagination nicht an die Erde gekettet, sondern gleicht einem Flug der Phantasie, der das Wunderbare, das Magische und das Mystische miteinander verbindet …

Der **Puls** des von reichen Texturen und vibrierenden Farben erfüllten indischen Lebens tanzt zum Rhythmus einer Trommel, die eine andere Dynamik hat.«

In *The Transformation of Nature* in Art berichtet Coomaraswamy von einem chinesischen Künstler, der für einen Auftraggeber einen Bambuswald ganz mit roter Tusche zeichnete. Als dieser einwandte, das sei nicht natürlich, fragte er ihn: »In welcher Farbe hätte ich ihn denn zeichnen sollen?« – »Schwarz natürlich«, war die Antwort. »Hat man je einen schwarzen Bambus gesehen?«, entgegnete der Künstler.

In manchen indischen Dörfern werden die Umrisse von Figuren immer noch mit einer Farbe hervorgehoben, die schon bei den ältesten Höhlenmalereien verwendet wurde – mit rotem Ocker. Für die indischen Frauen, die die Wände ihrer mit *gobar-mitti*, Kuhdung, verputzten Häuser mit einer Mischung aus Zinnober, Bleierz, Ocker und roter Erde oder gemahlenen Ziegeln bemalen, symbolisiert die rote Farbe das Menstruationsblut der göttlichen Mutter und fördert somit die Fruchtbarkeit.

Rot ist als erste Farbe in unserem Gehirn verankert. Kleinkinder erkennen sie als erste, und auch nach einer Verletzung der visuellen Cortex in der Sehrinde des Gehirns ist Rot die erste Farbe, die ein Mensch wieder zu sehen beginnt. Mit roter Farbe bemalte Steine kamen im Südosten Englands zum Vorschein, als dort ein Lagerplatz aus der Altsteinzeit ausgegraben wurde, der vor zweihunderttausend Jahren von Menschen bewohnt war. Und die Bestattungsplätze der ostafrikanischen Olduvai-Schlucht, in der zahlreiche Skelette von mit rotem Ocker versehenen Toten gefunden wurden, sind sogar eine halbe Million Jahre alt. Man weiß, daß dieser Ocker von weit hergebracht werden mußte. Er gehörte zu den ersten Luxusgütern, wurde sorgfältig pulverisiert und von den Höhlenmalern in Röhrenknochen gefüllt, die sie als Zeichenstifte benutzten. Später wurden Tote regelrecht in roten Ocker gebettet. Auch die Frauenfiguren, die vor über zwanzigtausend Jahren in Mitteleuropa entstanden, weisen noch Spuren roter Farbe auf.

Es ist offensichtlich, daß Rot hier als Farbsymbol für Blut gebraucht wurde. Rot wurden auch Waffen gefärbt, Äxte und Speere; australische Aborigines tun das noch heute. Im Hebräischen haben die Wörter für »Blut« und »Rot« den gleichen Ursprung, und nach der Schöpfungsgeschichte des Alten Testaments wurde Adam, der Mensch, aus roter Erde erschaffen, aus *adamah* – das Wort geht auf das babylonische *damu* zurück, das »Blut« bedeutet. Bei den Inuit heißt Rot »wie Blut«, und auf Hindi heißt der Mensch immer noch *admi*.

Im indischen Alltag der Gegenwart findet man eine verwirrende und unübersehbare Vielfalt von Rottönen, vom Rot der Gepäckträgeruniformen auf indischen Bahnhöfen über hennarot gefärbte Bärte, Hände und Füße, von den leuchtend roten Blüten des Gulmohar-Baumes (Gulmohar heißt »rotes Siegel«) über das rote Pulver, das beim Farbenfest Holi verstreut wird, bis hin zum roten Pan, das die Zähne der Betelnußkauer färbt und überall in die Gegend gespuckt wird.

In rotes Leinen gebunden sind die Kontobücher der Händler im Bazar von Benares, aus rotem Sandstein wurden die *Lal Qilas*, die roten Festungen, von Delhi und Agra erbaut. Rot ist die herausgestreckte Zunge der Göttin Kali, durch rote Gewänder geben sich Tantriker zu erkennen, und rot und gelb sind die Bänder, die Gurus ihren Schülern ums Handgelenk binden.
In feurigem Rot leuchtet das Wurzel-Chakra *muladhara*, aber auch dem dritten, dem Solarplexus-Chakra *manipura*, wird Rot zugeordnet, weil hier das Feuer und die Verbrennungsprozesse der Verdauung angesiedelt sind. Rot sind die Hintern der Affen, die die Städte bevölkern, rot die Handabdrücke auf Hauswänden, die die Bewohner in Indien genau wie in Mexiko, der Türkei und Irland vor dem bösen Blick schützen sollen. Rot ist auch Amithaba, der »Buddha des unermeßlichen Lichts«.
Einem ganz charakteristischen Rotton begegnet man in den Tempeln, die Hanuman geweiht sind – einer Farbe, die in Nordindien meist *mahaviri* genannt wird, von einem Europäer aber als Mennige bezeichnet werden würde, die man bei uns als Rostschutzfarbe verwendet. Auch hinter diesem Wort steht eine lange Geschichte. *Minium* heißt die billige, aus gebranntem Bleiweiß hergestellte Bleimennige, auf die mittelalterliche Buchkünstler zurückgriffen, wenn kein kostbareres Zinnober zur Verfügung stand. *Miniare* hieß also ursprünglich »in Rot ausmalen«, und davon ist das Wort Miniatur abgeleitet, das wir heute für kleinformatige Bilder verwenden. Wie diese Farbe zustande kommt, wußte man schon im Altertum, wie Plinius berichtet: »Das gebrannte Bleiweiß wurde durch Zufall bei einer Feuersbrunst im Piräus entdeckt, als das Bleiweiß in Tonnen verbrannte. Man bereitet es auch zu Rom, indem man marmorartiges Berggelb verbrennt und mit Essig löscht. Ohne gebranntes Bleiweiß lassen sich Schatten nicht zuwege bringen.«
Mit roten Lettern aus Zinnober oder Bleimennige markierte der Rubrikator, der »Rotmacher«, in mittelalterlichen Büchern den Beginn eines neuen Abschnitts, und daher stammt unser Wort Rubrik. Im *sindur*, dem zinnoberroten Pulver, mit dem sich verheiratete Hindufrauen als Zeichen ihres Ehestands den Scheitel färben, kann man eine direkte Anknüpfung an das Rot der Fruchtbarkeitsgöttin erkennen. Sindur ist aber auch der Name eines Ragas.
Der Oberbegriff im Hindi für allen Spielarten von Rot heißt *lal*. Genau wie das russische *krasnij*, das sowohl »rot« als auch »schön« heißt, hat dieses Wort eine Doppelbedeutung: Lal ist der Name, den man seinem Liebsten gibt, sei es ein kleines Kind oder die oder der Geliebte. Lal ist auch eine Bezeichnung für den Rubin, den Karfunkelstein des europäischen Mittelalters, der von den Minnesängern auch Adamas genannt wurde, Blutstein. Und rot sind in Indien natürlich die Saris, die für Hochzeiten reserviert sind wie bei uns das weiße Brautkleid. Rot wurde in Indien ursprünglich ebenso wie im alten Ägypten und bei Griechen, Römern und Persern mit der Krappwurzel, *Rubia tinctorum*, gefärbt. *Al-izari*, ihr arabischer Name, wurde zur Bezeichnung des auf der Basis von Steinkohlenteer synthetisch hergestellten Farbstoffs Alizarin, der 1870 weltweit das Ende der Krappkulturen bedeutete.

Der Krappanbau wurde zwar schon von Karl dem Großen gefördert, aber das Färben mit der Krappwurzel, das langwieriges Beizen erfordert, damit die Stoffasern die Farbe annehmen, ist eine schwierige Kunst. Die Türken beherrschten sie besser als die Europäer und demonstrierten das mit ihrem unvergleichlich warmroten Fes, bis ihnen das Geheimnis des Herstellungsverfahrens schließlich doch entrissen wurde und sich auch in Deutschland eine Zunft von Türkischrotfärbern etablierte.

Indien, wo man dem Westen in der Textilkunst um einige tausend Jahre voraus war, besaß nicht nur den besseren Krapp, sondern auch die besseren Färbeverfahren. Stoffreste, die von Archäologen in Mohenjo Daro im Industal ausgegraben wurden, beweisen, daß die komplexe Kunst des Färbens mit Beizen dort schon im 2. Jahrtausend vor Christus bekannt war. Die Europäer, die im 17. Jahrhundert nach Indien kamen, fanden schnell heraus, daß im Hafen von Masulipatam Stoffe von unvergleichlichem Krapprot verkauft wurden. Die eigentlichen Manufakturen jedoch waren 150 Kilometer weiter nördlich in Palakollu und in Petaboli weiter im Süden angesiedelt. Sowohl Engländer als auch Holländer eröffneten 1607 in diesen beiden Städten Faktoreien, denn die Güter waren hier um dreißig Prozent billiger als in der Hafenstadt. Als die Holländer 1634 die Engländer aus Petaboli vertreiben wollten, weigerten diese sich kategorisch; sie wollten »vor allem wegen des Rots« bleiben, denn »kein anderer Ort weist diese Farbe auf«. *Chay* oder »ostindischer Krapp« wurde dieses Krapprot in den Aufzeichnungen der East India Company

genannt. Was er der europäischen Spielart voraus hatte, war die überragende Farbqualität, die sich auch bei wiederholtem Waschen nicht veränderte.

Aus Indien stammt auch der Name des fürstlichen Karmesinrots, des kostbarsten roten Farbstoffs. Dieses »rötlich schimmernde Gold und flammende Kermesrot« trug schon im 5. Jahrhundert der germanische König Sigismer. Es wird aus den Eiern der Schildläuse *Kermes ilicis* und *Kermes vermilio* hergestellt, die auf den immergrünen Eichen des Mittelmeerraums und des Orients gedeihen. Die Griechen hielten sie für Früchte und nannten sie *kokkos*, »Beere«, woraus im Lateinischen *coccum* wurde. Mittelalterliche Färber nannten sie Paradieskörner, aber das Sanskritwort *kirmija*, »wurmerzeugt«, belegt, daß der tierische Ursprung dieser Farbe im alten Indien bekannt war. Über das arabische *qirmiz* gelangte das Kermesrot dann ins mittelalterliche Europa.

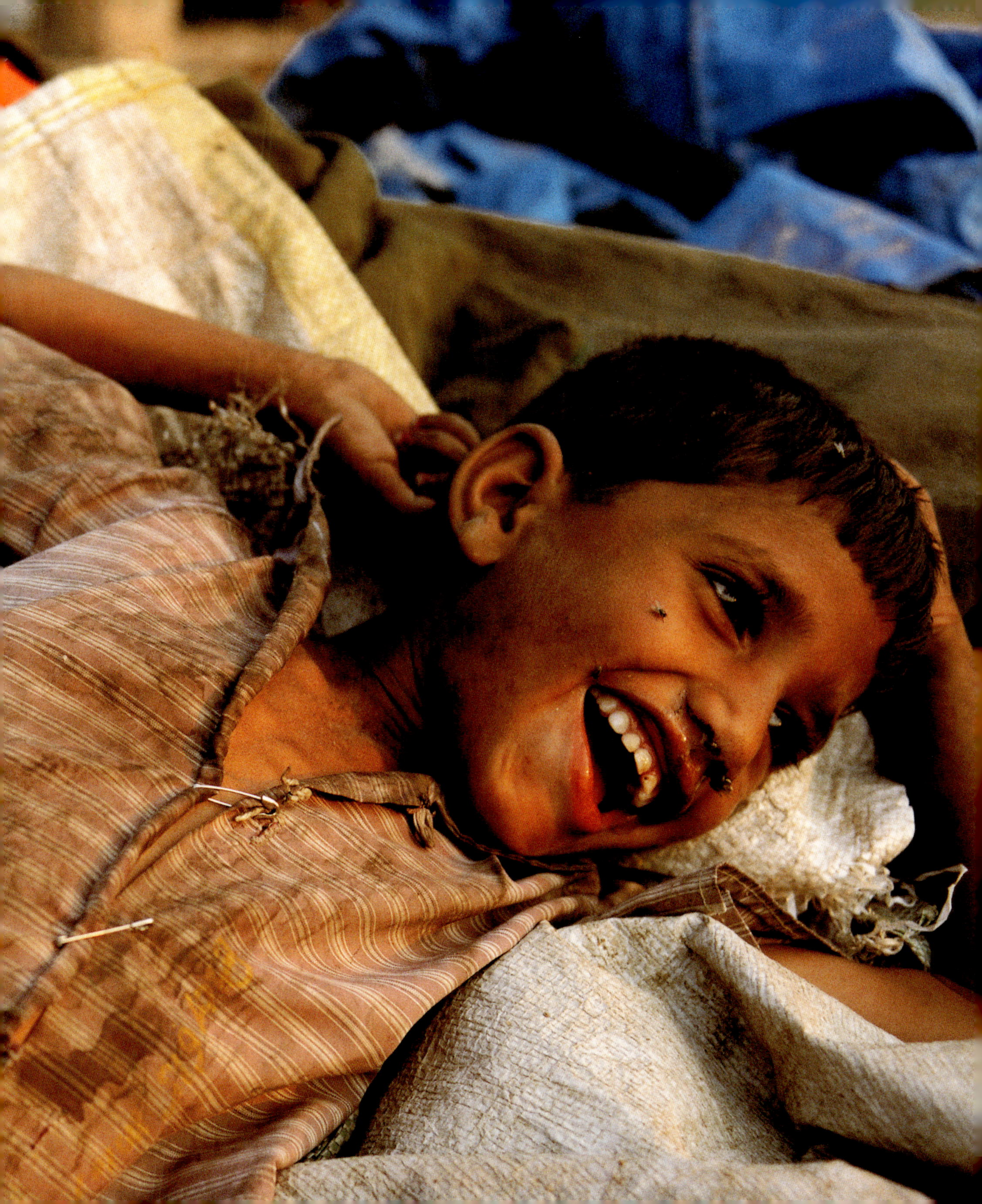

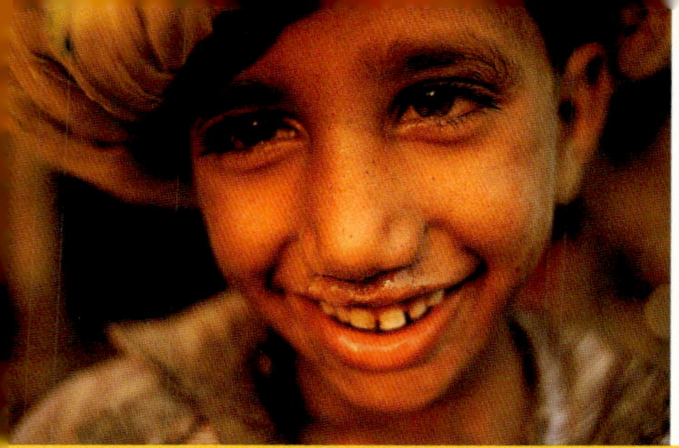

Geru – die ockerfarbene Robe

Denn von Gelb kommt Fröhlichkeit, von ihm der Geschmack des mit Safran bereiteten Halwa. Ist Safran nicht gelb? Und was sonst könnte es sein? Es genügt doch, das Lachen dessen zu sehen, der es ißt! Durch einen gelben Schleier brennt das Licht der Kerze. Gelb ist auch Gold, das soviel Vergnügen spendet, und schon das Kalb des Moses hatte von ihm seinen Wert; gelb ist die kostbare Erde.

Rot mag die auffallendste Spektralfarbe sein, aber Gelb ist die hellste. Trotzdem nimmt es nur ein Achtel des Frequenzbereichs des sichtbaren Lichts ein, Grün mindestens dreimal soviel, Rot noch mehr. Gelb stellt sozusagen eine Spitze dar. Das Maximum an Intensität, die das Sonnenlicht für verschiedene Wellenlängen aufweist, liegt bei 510 nm, einer Farbe, die wir mit Gelbgrün identifizieren. Daher kommt es, daß wir Gelb auch über große Entfernungen hinweg erkennen können. Schon am Rande des Gesichtsfelds, aus dem Augenwinkel, nehmen wir es deutlich wahr, andere Farben – einschließlich Rot – hingegen erst dann, wenn sie ins Zentrum des Sehfeldes gelangen. Das gelbe Licht an den Verkehrsampeln ruft zu erhöhter Aufmerksamkeit auf, aber kaum jemand weiß, daß das grüne und rote Licht auf einer Konvention beruhen, die im Altertum bei den Römern entstand: Rot gekleidete Soldaten hielten Wache vor dem Mithreum, dem Mithras geweihten Heiligtum, wenn sich dort die Mysten unter das ausströmende Blut des Opferstiers legten und nur Eingeweihte zugelassen wurden, grün gekleidete, wenn der Zugang frei war.

Der Tag des Frühlingsanfangs, der *Vasant Panchami*, ist in Indien leicht daran zu erkennen, daß viele Menschen gelbe Kleidungsstücke tragen, wie es seit Urzeiten Brauch ist – ein Signal, das ganz spezifisch zu Indien gehört und nur von dem entschlüsselt werden kann, der die hinduistische Kultur kennt, denn Gelb ist eine überaus widersprüchliche Farbe; ihre Bedeutungen reichen von der Wärme des Sonnenlichts bis zur Kälte des Schwefels und der Galle, deren Funktion durch Ärger beeinträchtigt wird, was zur Gelbsucht führt.

In der indoeuropäischen Sprachfamilie sind »Gelb« und »Galle« verwandt; beide gehen auf die Wurzeln *ghol* und *ghlo* zurück, die wiederum mit »Glanz« in Verbindung stehen – der Farbe, die Plato als »nächste am Licht« beobachtet hatte.

Daß sich auch Inder Gelb als Farbe der Eifersucht vorstellen können, zeigt eine Komposition von der gelb werdenden Nacht von Ram Chatur Mallik, dem letzten Sänger der Musikerfamilie Mallik, die über Jahrhunderte hinweg den Maharadschas von Darbhanga im Nordosten Indiens diente.

Pila ist der im heutigen Hindi gebräuchliche Oberbegriff für alles Gelbe. Gelb ist auch der Dhoti, den Krishna auf den Ragamala-Miniaturen um seine Hüften geschlungen hat und der einen schönen Kontrast zu seiner blauen Hautfarbe bildet. Denn Farben stehen gewöhnlich ja nicht für sich allein, sondern sind zusammen mit anderen zu sehen – eine Tatsache, die eine wesentliche Rolle für unsere Wahrnehmung spielt.

Wir brauchen Kontraste, um Farben sehen zu können. Die Operationen, die das Gehirn durchführen muß, um einem Gegenstand seine Farbe zuweisen zu können, sind jedoch so komplex, daß sie bis heute nicht vollständig geklärt werden konnten.

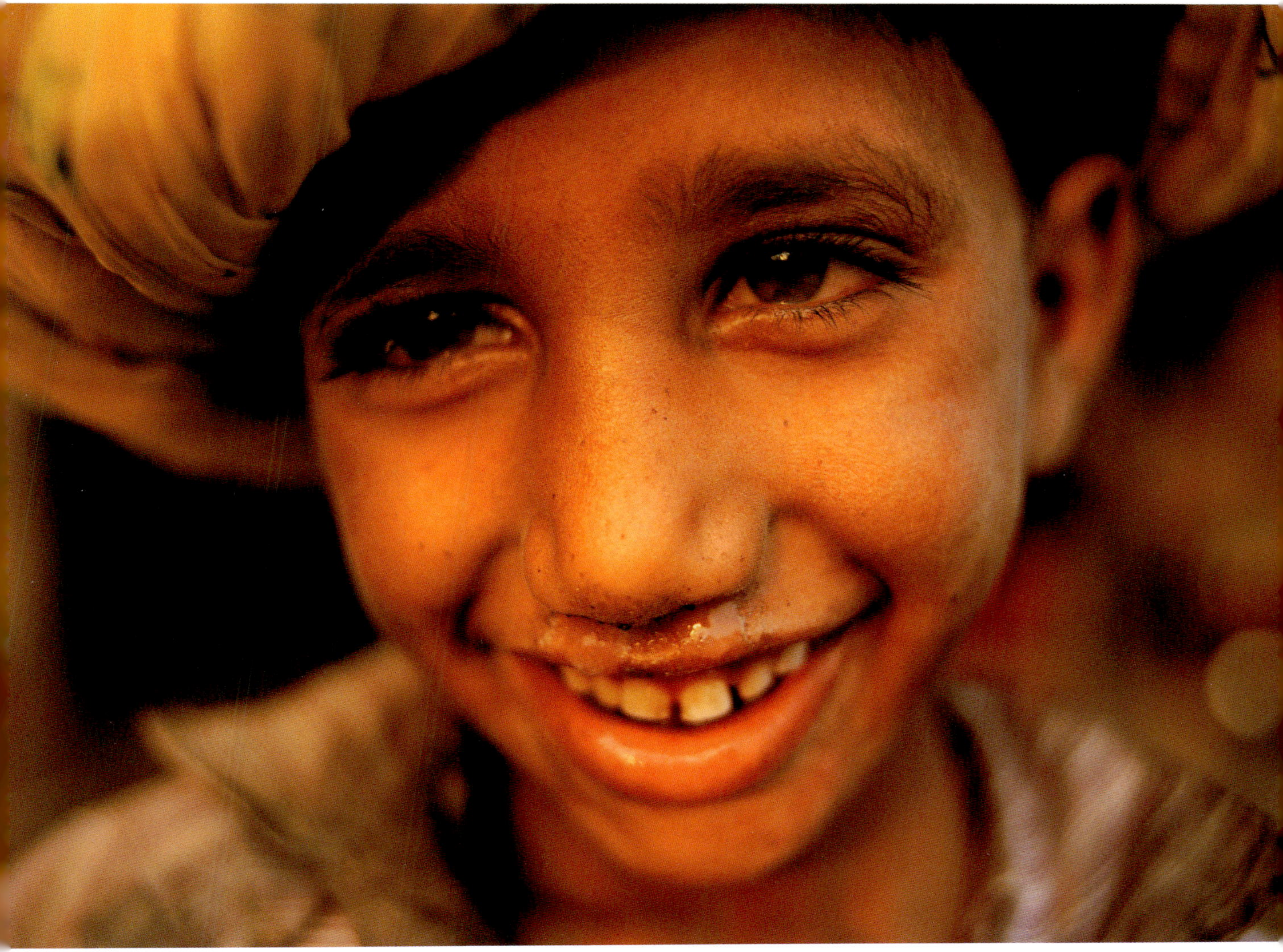

Altbekannt ist das Phänomen der Komplementärfarben, der farbigen Schatten, die als Nachbilder auf der Netzhaut entstehen, wenn man dem Auge über längere Zeit eine farbige Fläche zeigt. Hier werden die Frequenzen des physikalischen Lichts über eine chemische Zwischenstufe in elektrische Impulse umgewandelt. Die Hirnforscher können lediglich beobachten, wo die Zellen liegen, die über die Ganglienzellen der sogenannten Sehbahn von dieser Aktion aktiviert werden. Sie führt auf einem verschlungenen Weg letztlich in den visuellen Cortex der Gehirnrinde, eine »stark gefaltete Schicht von Nervenzellen, die ungefähr so groß und dreimal so dick wie eine Telefonkarte ist. Solche Felder gibt es in zwei Ausfertigungen, und zwar einmal in der linken und einmal in der rechten Seite des Gehirns«, wie Ernst Peter Fischer anmerkt. In seiner überaus anschaulichen Darstellung des Sehvorgangs beschreibt er dann auch, wie es im Gehirn zum Phänomen der Komplementärfarben kommt. Jeweils ein ganzes Bündel von Sehzellen arbeitet einem Ganglion zu und bildet so ein rezeptives Feld auf der Retina, das man sich als kleines Fleckchen auf der Netzhaut vorstellen kann. Diese Felder lassen sich mit den Doppelkreisen einer italienischen 500-Lire-Münze vergleichen. Wenn das Zentrum von Licht getroffen wird, gibt das Ganglion, das zu einem solchen rezeptiven Feld gehört, einen Impuls ab, wenn Licht auf den Rand fällt, bleibt es stumm. Einige dieser rezeptiven Felder sind so organisiert, daß die dazugehörigen Ganglienzellen zu opponenten Farbkanälen werden, die auf komplementäre Farben reagieren. In den sogenannten Blau-Gelb- und Rot-Grün-Kanälen schließt sich die gleichzeitige Wahrnehmung der Komplementärfarben also aus, sie werden entweder aus- oder eingeschaltet, was schon Philipp Otto Runge, der im frühen 19. Jahrhundert seine berühmte Farbkugel schuf, zu der Bemerkung veranlaßte: »Wenn man sich ein bläuliches Orange, ein rötliches Grün oder ein gelbliches Violett denken will, wird einem zumuthe wie bei einem südwestlichen Nordwinde.« Als Nachbild macht sich die Komplementärfarbe deshalb bemerkbar, weil immer beide Farben der opponenten Lichtkanäle angeregt werden. Da sie unterschiedlich schnell ein- und ausschalten, bleibt das Bild der Komplementärfarbe einen Moment lang zurück, wenn man ihr Gegenteil intensiv betrachtet hat und dann auf eine weiße Fläche blickt.

Der wunderschöne **Kontrast** zwischen Krishnas blauer Haut und seinem gelben Hüfttuch ist also vom Gehirn vorgegeben – er erscheint einem europäischen Betrachter genauso reizvoll wie einem Inder, auch wenn ein Europäer ihn nicht unbedingt als Merkmal des Frühlings entziffern kann. Aber auch bestimmte Kontraste sind kulturspezifisch. Einen japanischen Stoff etwa kann man oft schon aufgrund der Farbkombinationen auf den ersten Blick von einem indischen unterscheiden. Kein Wunder, daß es oft Textilkünstler waren, die die Sprache der Kontraste erforschten. Daß sich nebeneinanderstehende Farben gegenseitig beeinflussen, hatten in Europa vor Leonardo da Vinci schon andere beobachtet, aber erst Goethe begann diese Kontraste systematisch zu beschreiben. Ein Rot erscheint vor einem gelblichen Hintergrund eher orangefarben, vor einem violetten Hintergrund eher dunkelrot. Komplementäre Farben, wie Krishnas blaue Haut und gelber Dhoti, hellen sich gegenseitig auf und erscheinen deshalb um so klarer, nichtkomplementäre Farben verdunkeln sich gegenseitig.

Daß die psychologische Reaktion auf Farben wenigstens teilweise auf Konventionen beruht und in verschiedenen Kulturen sehr unterschiedlich sein kann, läßt sich sehr deutlich im Bereich zwischen Rot und Gelb feststellen. Orange gehört zu den Farben, die die Europäer am wenigsten mögen, wie eine Umfrage ergab, die Eva Heller für ihr Buch *Wie Farben wirken* durchführte. Nur Braun erschien Frauen noch häßlicher, Männer dagegen lehnten auch Rosa und Violett sehr stark ab. *Narangi* heißt die aus China stammende Orange in Indien. Über das arabische *narang* kam sie mit den Kreuzfahrern nach Europa. Die Spanier nannten sie *naranja*, die Franzosen machten daraus die Orange. Aber obwohl Europäer Orangen lieben, vermeiden sie es, diese Farbe zu benennen – auch wenn sie deutlich am Himmel zu sehen ist. Ein Abendrot heißt bei uns Abend»rot«, auch wenn es eigentlich ein Abend»orange« ist. Auch das scheint an einer Konvention zu liegen. Zum Blau neigende Rotschattierungen galten im Abendland immer als vornehmer als die gelblichen.

Im Westen war Purpur die Farbe der Auserwählten und des Luxus. »Purpur? Farbe der Farben, großes Arkanum der antiken Färberei, Zeichen der von Gott Auserwählten – was ist davon geblieben? Ein klangvolles Wort, lokkend und befremdlich, der ferne Glanz von Macht und unerhörtem Luxus – eine Farbe, die im Dämmerlicht der Jahrtausende verlorengegangen ist«, schreibt Margarete Bruns in *Das Rätsel Farbe*.

Entdeckt worden sein soll sie, »als der phönizische Gott Melquart eines schönen Tages mit seiner Geliebten, der Nymphe Tyros, am Meeresstrand lustwandelte. Sein Hund fand eine ans Land gespülte Stachelschnecke, zerbiß sie und verletzte sich dabei die Schnauze. So schien es jedenfalls, aber nachdem sein Herr das ›Blut‹ mit einem Tuch abgewischt hatte, erwies sich der Hund als unverletzt, auf dem Tuch jedoch

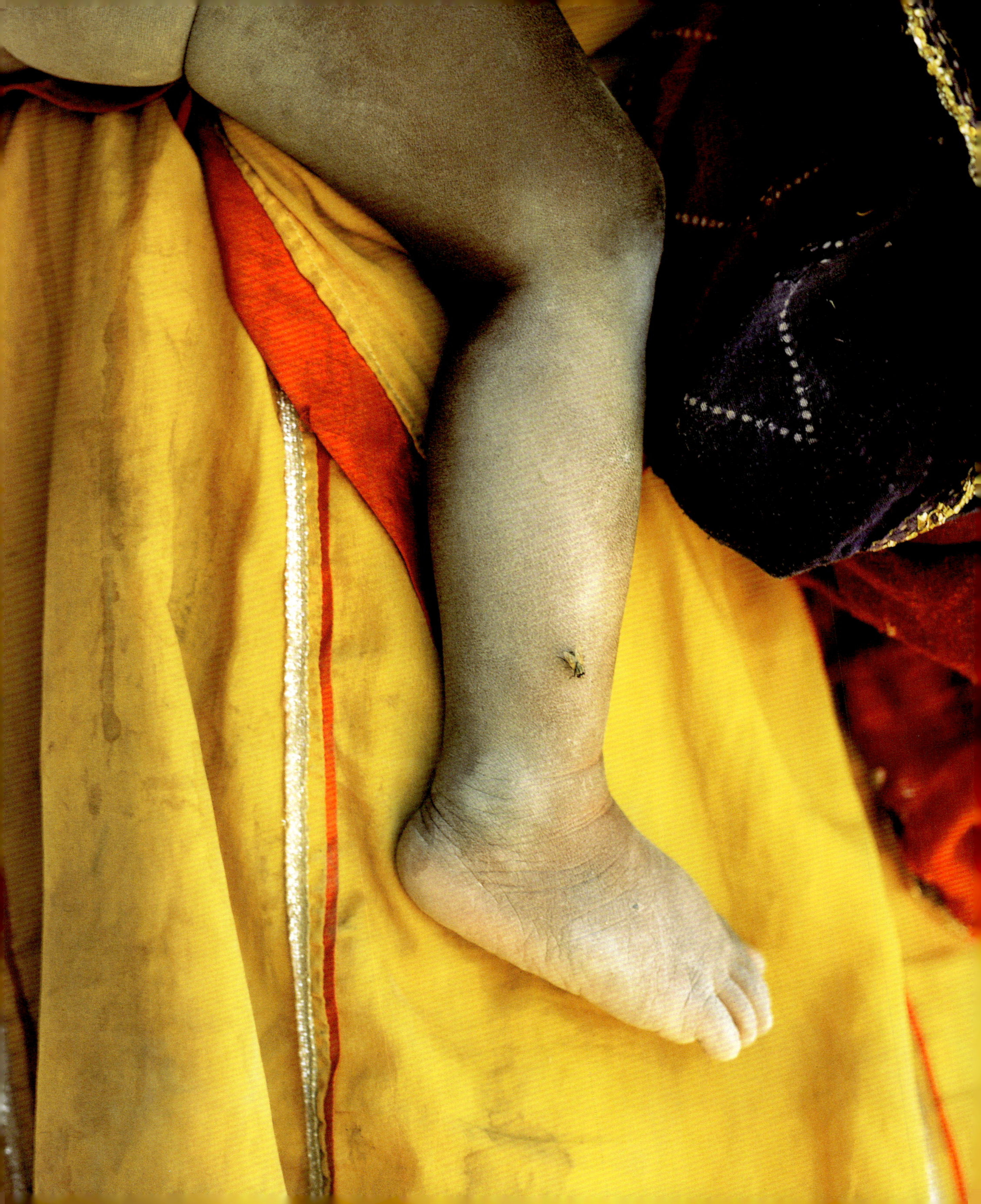

erschien die schönste, majestätischste Farbe, die man je gesehen hatte. Natürlich war es Tyros, die göttliche Geliebte, die sofort die Tragweite dieser Entdeckung erkannte. Sie versprach Melquart den ersehnten Liebeslohn, wenn er ihr umgehend ein ganzes Gewand in dieser neuen, konkurrenzlosen Pracht verschaffe, und der verliebte Gott beeilte sich, alle erreichbaren Stachelschnecken eigenhändig einzusammeln – womit die Legende den göttlichen Nimbus des tyrischen Purpurs legitimiert hatte.«

Phönizien, Phoinike, bedeutet in der Tat nichts anderes als »Land des roten Purpurs«. Ursprünglich wurden die Schnecken, die den Rohstoff lieferten, von Tauchern aus dem Meer geholt, aber als die Nachfrage gegen Ende des 2. Jahrtausends vor Christus ihren ersten Höhepunkt erreichte, legte man im Meer Bassins an, um ausreichende Mengen zu züchten. Die Drüse der Stachelschnecke enthält nur ein bis zwei Tropfen des gelblichen Sekrets, das den Grundstoff für die Purpurherstellung bildet, und bis zu zwanzigtausend Schnecken waren nötig, um ein einziges Gramm Farbstoff zu gewinnen. Erst nachdem ein Stück Stoff in das stinkende Farbbad getaucht worden war, das man daraus einkochte, entwickelte sich durch Lichteinwirkung die eigentliche Tönung von Gelb über Grün und Rot bis zu Purpur. Da diese Farbe ja am Sonnenlicht entstand, war sie vollkommen lichtecht.

Wie aber sah Purpur damals aus? Obwohl an der Küste des heutigen Libanon, des einstigen Phönizien, noch immer meterhohe Ablagerungen der stacheligen Schneckenhäuser zu sehen sind, die einst zur Purpurproduktion dienten, werden die Stachelschnecken, die überall im Mittelmeer zu finden sind, heute nicht mehr zum Färben benutzt, sondern als *frutti di mare* zum Essen angeboten. Eva Heller berichtet von dem Chemiker Paul Friedländer, der 1908 in den Markthallen von Triest 12000 Purpurschnecken kaufte, um den chemischen Grundstoff zu analysieren. Zu seiner Überraschung entdeckte er, daß er fast identisch ist mit dem Indigo, zu dem lediglich zwei Brom-Atome hinzukamen. Dibrom-Indigo wird Purpur deshalb in der Sprache der Chemiker genannt. Die Anordnung dieses Moleküls ist jedoch chemisch so ungewöhnlich, daß seine synthetische Herstellung auch heute noch extrem teuer wäre.

Mit dem natürlichen Grundstoff kostete das Färben von einem Kilo Purpurwolle in altrömischer Zeit umgerechnet 6000 bis 7000 Mark, von einem Kilo Seidenstoff sogar bis zu 70000 Mark. Um einen Krönungsmantel zu färben, brauchte man drei Millionen Purpurschnecken. Plinius sprach von einer »köstlichen, ins Dunkelrosenrote spielenden Farbe«, wunderte sich aber auch: »Warum steht diese Muschelfarbe, welche beim Färben einen heftigen Geruch verbreitet, eine finstere graugrüne Farbe hat und dem wütenden Meer ähnlich sieht, so hoch im Preise?«

Purpur war wahrhaft exklusiv. Im alten Rom stand auf seine Verwendung die Todesstrafe; diese Farbe war dem Kaiser vorbehalten. Die Senatoren durften purpurfarbene Streifen an der Toga tragen, den Purpurmantel nur Cäsar

selbst. Kleopatra allerdings schlug ihm ein Schnippchen – sie ließ das Segel ihres Schiffs purpurn färben.
Daß sich diese Farbe im Christentum etablierte, geht auf das Alte Testament zurück, in dem Gott Moses befahl: »Du sollst einen Vorhang machen aus blauem und rotem Purpur, Scharlach und gezwirnter feiner Leinwand, und du sollst Cherubim einweben in kunstreicher Arbeit.« Die ganze byzantinische Kultur war vom Purpur geprägt, Mitglieder der kaiserlichen Familie galten als die »Purpurgeborenen«, weil sie nach ihrer Geburt in purpurne Tücher gehüllt wurden; ihre Purpurgewänder nahmen sie mit ins Grab.
Lange Zeit besaß Byzanz das Monopol für die Herstellung von Purpurstoffen. Auch als in Italien Purpurfärbung minderer Qualität betrieben wurde, machten die römischen Kaiser daraus ein Staatsmonopol und verpflichteten die Handwerker zur Geheimhaltung. Mit dem alten Byzanz aber ging auch die Purpurherstellung unter. 1453, als Konstantinopel von den Türken erobert wurde, verschwand diese Farbe endgültig.
Mindestens dreizehn Purpurschattierungen hatten die Färber der Antike mit geheimen Zusätzen aus dem Sekret der Purpurschnecke zu gewinnen gewußt. Doch von nun an wurde das Spektrum vom tiefen Blauviolett bis zum blassen Lila mit einer Mischung aus Indigo und Kermesrot hergestellt, auch für die Gewänder der Kardinäle und Bischöfe. Karmesinrot, Scharlach und Violett blieben die Farben des Klerus.

Gelb

hingegen, die Komplementärfarbe zu Violett, war nicht nur aus dem liturgischen Farbkanon der Kirche verbannt, es wurde regelrecht verboten. Das vierte Laterankonzil entschied 1215, daß Gelb dafür reserviert sein sollte, vor fremdem Glauben zu warnen, in erster Linie vor dem jüdischen – was schließlich zum gelben Judenstern führte, den die Nazis vorschrieben. »Schandgelb« mußten im Mittelalter auch die Huren, Henkersfrauen und Ketzer tragen. Giotto und Holbein kleideten den Verräter Judas darin, und eine gelbe Flagge zeigte das Wüten der Pest an.
In bemerkenswertem Gegensatz dazu steht der Rang, den der Osten der Farbe Gelb zumaß. In China ist es die zentrale Farbe, Ausdruck der höchsten Würde des »Gelben Kaisers«. Im gelben Gewand buddhistischer Mönche wird es zum Symbol der Erleuchtung – Gelb wird hier zum Kennzeichen höchster weltlicher und geistiger Autorität. Genau wie Purpur im Abendland war Gelb dem Kaiser und den Mönchen vorbehalten.
Mehr als irgendwo sonst ist die Palette der Farbsignale zwischen Rot und Gelb jedoch in Indien gefüllt. In diesem ganz spezifischen Bereich unterscheiden Inder eine ganze Reihe von Tönen, die einem Europäer auf den ersten Blick gar nicht auffallen. In Indien ist zum Beispiel die Safranfarbe *kesar*, die zusammen mit Purpur und Indigo einen der drei wichtigen Farbstoffe des Altertums bildete, immer noch weit verbreitet und gehört zum kulturellen Farbkanon wie bei uns das Rot des Weihnachtsmanns und das Grün des Tannenbaums.

Das Wort **Safran** stammt aus dem Arabischen: *zafaran* heißt »Farbe« oder »gelb färben«. Der *crocus sativus*, die Safranpflanze, deren zartlila Blüte drei fadendünne und 2 bis 3 Zentimeter lange farbstoffhaltige Narben hervorbringt, blühte ursprünglich in Kleinasien und Persien, möglicherweise auch in Indien. Im 10. Jahrhundert führten die Araber das Wort zusammen mit der Pflanze in Andalusien ein. Safran ist, ebenso wie Purpur, ein kostbarer Farbstoff – erst ganze Felder von 100000 bis 200000 Blüten ergeben 1 Kilo der braunroten Fäden, aus denen sich der Farbstoff mit Wasser herausziehen läßt. Dafür ist er allerdings äußerst intensiv.

Verwendet wurde und wird Safran nicht nur als Farbstoff, sondern auch als Gewürz und als Heilmittel. Safran galt deshalb im Altertum als »König der Pflanzen«. Salomo, Homer und Hippokrates haben ihn gerühmt, und er stand sogar an der Wiege Europas. Als Zeus sich in Gestalt eines Stiers Europa näherte, war sie gerade damit beschäftigt, »des goldenen Krokus duftendes Haar« zu sammeln.

Nicht nur Reisgerichte werden an Festtagen mit Safran gelb gefärbt. Man begegnet diesem Farbton vielerorts, wenn man mit offenen Augen durch Indien geht. Von nationaler Bedeutung wurde er in der Trikolore aus Orange, Weiß und Grün, die sich Indien nach der Unabhängigkeit 1947 gab. Eine vorrangige Rolle spielen Safrantöne – zusammen mit *gulal*, der Farbe der Rose – bei den mittelalterlichen Beschreibungen des Frühlings- und Farbenfestes *Holi* mit seinen grandiosen Farborgien. Für religiöse Anlässe wird *kesar* in Indien manchmal heute noch zum Färben von Kleidern benutzt, ähnlich wie einst in Europa, wo attische Jungfrauen in »buntdurchwirkten Krokusgewändern« spazierengingen.

Dort wurde im Mittelalter zum Färben von Stoffen Safran durch den billigeren Saflor ersetzt, eine Distelart mit orangefarbenen Blüten, die ebenfalls zuerst in Indien und China kultiviert wurde. Zwei verschiedene Farbstoffe lassen sich aus den getrockneten Blüten gewinnen: ein wasserlöslicher gelber und ein in Alkohol und Alkalien löslicher roter. Im Gegensatz zum Safran ist der gelbe Farbstoff des »falschen Safrans« nicht lichtecht, sondern wird beim Waschen allmählich heller. Der rote Farbstoff dagegen färbt zunächst orange, durch das Auswaschen des wasserlöslichen Gelbs wird daraus dann allmählich ein klares Rot.

In Europa verwandte man große Mühe darauf, diese beiden Farbstoffe des Saflor zu trennen. In Asien machte man genau das Gegenteil, denn gerade die allmähliche Farbveränderung des Stoffes wird hier besonders geschätzt. Orange ist in Asien die Farbe der Verwandlung, in einer seltsamen Parallele zum changierenden Purpur der Prunk- und Kardinalsgewänder des europäischen Abendlandes. Wie irritierend diese Farbveränderungen für Europäer sein können, zeigt sich am Gewand indischer Sadhus, dessen Farbe von hellem Rosa bis zu tiefem Ocker reichen kann, aber immer mit dem gleichen Wort bezeichnet wird: *geru*. Das jedoch ist die Farbe der Erde, Symbol der Demut.

Und damit sind wir wieder beim **Ocker** angelangt, dem *ochron*, das Empedokles als vierte Farbe bestimmt hatte. Wer die Farben der Erde Indiens betrachtet, die von hellem Gelb bis zum tiefen Rot reichen, die mit *gobar*, Kuhdung, verschmierten Lehmwände indischer Dorfhäuser, die besser klimatisieren als alle Klimaanlagen, wer *matka* und *kular*, Teetassen und Wasserkrüge aus gebranntem Ton, betrachtet, das Fell eines Kamels auf dem Kamelmarkt von Pushkar oder die rötlichen Schattierungen indischen Sandsteins, bekommt ein Gefühl dafür, welche zentrale Rolle dieser Bereich im Farbenspektrum des indischen Bewußtseins spielt. Auch *chandan*, Sandelholz, das zerrieben und als hellgelbe Paste auf Stirn und Arme gestrichen wird und nicht nur schmückt, sondern auch kühlt, und *mehndi*, das rote Henna, sind aus dem traditionellen Farbkanon Indiens nicht wegzudenken. Nicht nur die Hände und Füße indischer Bräute werden damit gefärbt, auch Männer benutzen es – vorzugsweise zum Verschönern weißer Bärte, die mit Henna in flammendes Rot verwandelt werden.

Verschwunden dagegen ist schon seit langem ein Farbstoff, der in Europa wie aus dem Nichts auf Jan Vermeers *Goldwägerin* auftauchte. Indischgelb oder *monghir piuri* wurde er genannt, und anscheinend sollte er die zahlreichen, aber allesamt giftigen arsen- und bleihaltigen gelben Pigmente ersetzen, die Malern seit dem Altertum zum Verhängnis geworden waren. Indischgelb war ein sehr rotstichiges Gelb, dessen Ursprung sich niemand erklären konnte. »Ein gelber Farbstoff unbekannter Abstammung, der aus Indien und China, vielleicht auch aus Arabien in den Handel kommt. Er bildet faustgroße, kugelförmige, außen bräunliche, innen glänzend gelbe und weiche Massen von starkem, an Harn, Moschus oder Bibergeil erinnerndem Geruch, ist in Wasser und Alkohol nur teilweise löslich und besteht im wesentlichen aus dem Magnesiumsalz der Euyanthinsäure«, wußte Meyers Großes Konversationslexikon 1909 zu berichten. In Wirklichkeit wurde Indischgelb aus dem Harn indischer Kühe hergestellt, die zuvor durch das Füttern mit Mangoblättern eine pathologische Stoffwechselveränderung erlitten hatten. Die Briten verboten diese Herstellungsmethode, und seit 1921 ist Indischgelb nicht mehr zu haben. »Glücklicherweise«, wie Margarete Bruns meint, »aber wer es noch gekannt hatte, trauert ihm im stillen trotzdem nach, denn es gibt keinen annehmbaren Ersatz.«

ह

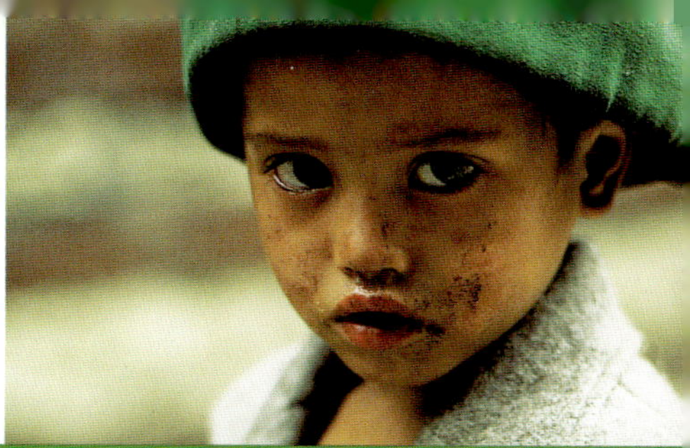

Hara – das Wasser des Lebens

Grün ist die Farbe des Zypressenbaums
und die der Saat auf den Feldern, und von allen Dingen
verlangt die Seele am meisten nach Grün, welches
das Auge aufleuchten läßt und die Melodie jeden
Wachstums und das Zeichen jedes Gedeihens ist.

In den *Haft Paikar*, den »Sieben Gestalten«, erzählt der persische Dichter Nizami die Geschichte von sieben Prinzessinnen, die König Behram, jeden Tag der Woche in ein anderes Gewand gekleidet, in den sieben Planetenkuppeln besucht. Jede dieser Kuppeln ist mit den Farben und Symbolen der Planeten geschmückt, und in jeder der Geschichten, die die Prinzessinnen in der Hochzeitsnacht erzählen, entfaltet der Dichter ein Geflecht von Symbolen, in dem er Länder, Farben, die Wochentage, Steine und Stimmungen miteinander verwebt. Für gewöhnlich führt man den Kosmos der Symbole, den Nizami entwarf, auf das Ptolemäische Weltbild des Abendlandes zurück, aber ebensogut hätte er aus Indien stammen können.

In Indien gibt es auch heute noch Menschen, die sich jeden Tag in eine andere Farbe kleiden. Am Samstag, dem *shanivar*, dem Tag des Saturn, tragen sie Dunkelblau, die Farbe des *nilam*, des blauen Saphirs. Am Sonntag, dem Gold und der Rubin zugeordnet sind, hüllen sie sich in goldglänzende Seidengewänder, am Montag, dem Tag des Mondes und der Perle, in silberne. Dienstag ist der Tag des Mars; sein Stein ist die rote Koralle. In Indien wird dieser kriegerische Planet bewußt *mangal* genannt, der »Segenspendende«, um alles Übel abzuwenden, das er mit sich bringen könnte. Auch wer nicht auf den Kalender geschaut hat, erkennt den *Mangalvar* an dem Andrang, der dienstags in den Hanuman-Tempeln herrscht. Mittwoch ist der Tag des Merkur, in Indien *Budha* genannt. Seine Farbe ist Grün, sein Stein der Smaragd. Der Donnerstag gehört dem Jupiter – *Brihaspati*, dem Guru der Planeten –, deshalb heißt dieser Tag auch *Guruvar* oder *Brihaspativar*; man kleidet sich gelb wie Jupiter, dessen Stein der gelbe Saphir ist. Freitag schließlich, *shukravar*, ist der Tag der Venus, der glänzendweißen Göttin, die durch weiße oder vielfarbig glänzende Gewänder und den Diamanten geehrt wird.

»Als am Mittwoch die Sonnenblüte die Nachtschwärze des Himmels türkisfarben erhellte, hüllte sich auch der König in ein Gewand von der Farbe des Türkis und eilte zu Besuch in die türkisblaue Kuppel«, beginnt Nizami seine Mittwochsgeschichte. »Dort verging ihm der Tag im Nu bei der lieblichen Prinzessin, und als dann die Nacht mit dem Moschusschleier ihre Lokken zusammenband, bat der Shah die Schöne um eine Geschichte, würdig, ihm das Herz zu erfreuen, und passend zum Liebesspiel ...«

Und so erzählt ihm die Prinzessin die Geschichte des jungen Kairoer Kaufmanns Mahan, der den Täuschungen von Dämonen anheimfällt, bis er vom grünen *Khizr*, dem Schutzpatron der Verirrten und dem Hüter des Lebenswassers, gerettet wird.

Als er nach wirren Wanderungen durch die Welt der Sinnestäuschungen schließlich eine Quelle findet, mit deren kühlem Wasser er sich erfrischen kann, »sah er zu seiner Überraschung, daß neben ihm jemand stand, der ihm selbst nach Gestalt und Angesicht glich wie ein Zwillingsbruder. Nur war dieser andere noch schöner als er. Sein Antlitz leuchtete wie ein Sonnenaufgang, und er war von Kopf bis Fuß in ein frühlingshaftes Grün gekleidet.

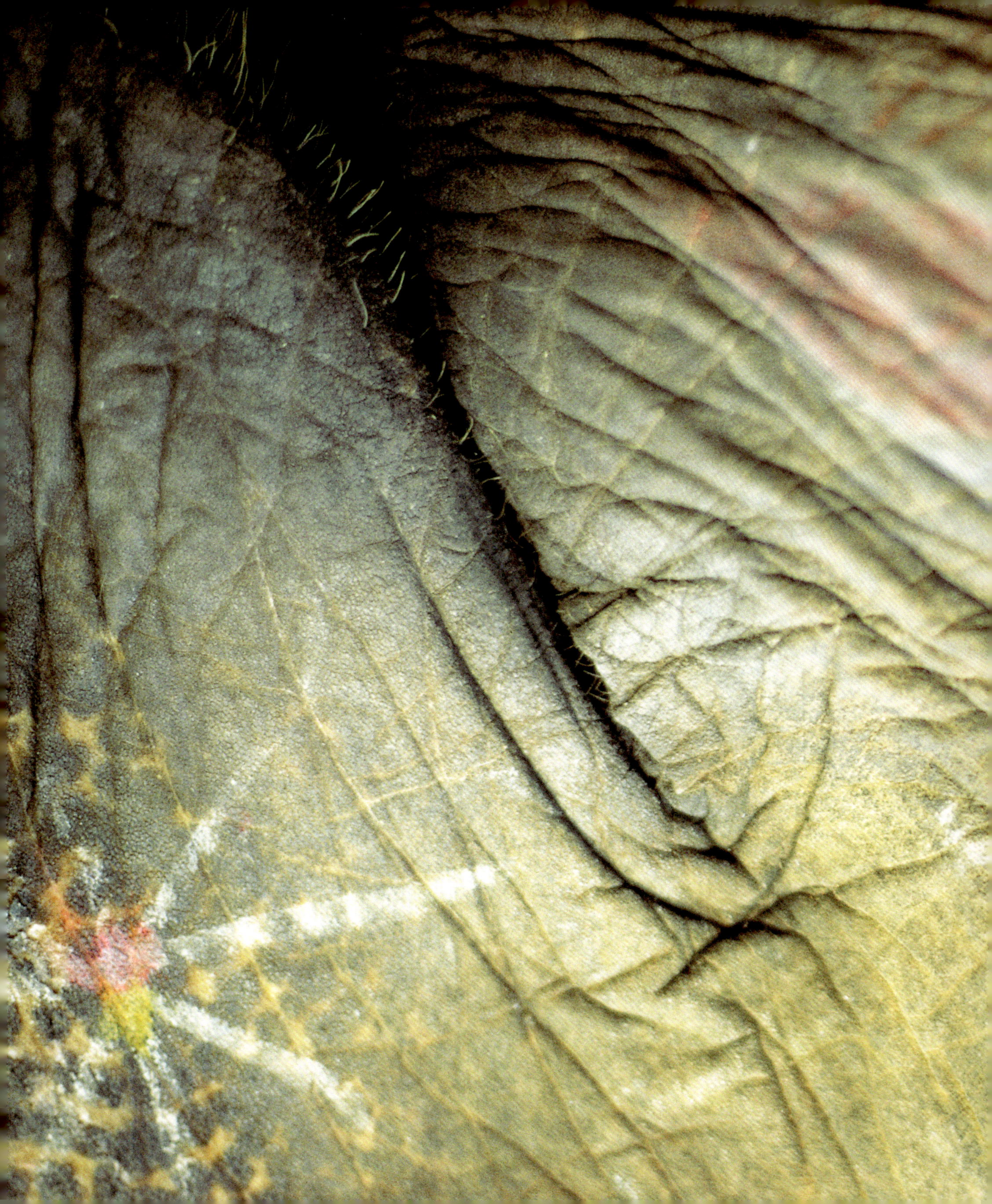

»Wer bist du?«, fragte Mahan, und er konnte keinen Blick von dem Fremdling wenden. »Ich heiße Khizr«, sagte dieser lächelnd, »und bin der Bote dessen, den wir beide verehren. Doch erkennst du mich nicht? Ich bin auch du selbst, dein Bestes, dein innerster Vorsatz – und ich bin gekommen, dich heimzugeleiten. Gib mir deine Hand. Schließe die Augen, und nach einer Weile öffne sie wieder!«

Der Jüngling findet sich in jenem Garten am Nil wieder, wo seine Irrfahrt begonnen hat. Als er in sein Haus zurückkehrt, haben sich alle seine Freunde in blauen Trauergewändern versammelt, um ihn, den sie tot glaubten, zu beweinen. Nachdem er ihnen seine Geschichte erzählt hatte, zog auch er ein Gewand von dieser Farbe an, die nun vom Zeichen der Trauer zu dem der Freude und Freundschaft geworden war.«

Ein blaues Ende einer Mittwochsgeschichte, in der alle möglichen Schattierungen zwischen Blau und Grün auftauchen. Erzählt wurde sie unter der türkisfarbenen Kuppel der Prinzessin aus Charezm, aus Khorasan, wo die schönsten Türkise gefunden werden.

In der islamischen Tradition ist Blau die Farbe der Trauer. »Der Himmel hat aus Trauer darüber, daß er das Ziel seines Suchens – nämlich das Wesen Gottes zu erkennen – nicht erreicht hat, die blaue Trauerfarbe angelegt«, heißt es im *Musibat-nama*, dem »Buch des Unglücks«: »Die Sterne am Himmel laufen durch den Raum, weil sie Gott suchen. Die Sonne brennt vor Liebe und Sehnsucht, sie ist bald rot, bald gelb vor Schmerz und trägt ein blaues Trauergewand vor Liebeskummer.«

Dunkelblau war auch die *khirqa*, das Ordensgewand der Sufis, und so wie die Juden in Europa zum Tragen von Gelb gezwungen wurden, schrieben die Mameluckenherrscher Syriens und Ägyptens den Christen zeitweise einen blauen Umhang vor. Blau sind im Koran die Augen der Missetäter, die am Jüngsten Tag zur Rechenschaft gezogen werden, und blau sind bis heute in der Türkei die Talismane, die den bösen Blick abwehren sollen.

Türkis – die auch in Indien für Stein und Farbe gebrauchte persische Bezeichnung *feroz* bedeutet »Sieg« – bildet in Nizamis Mittwochsgeschichte sozusagen die Mitte zwischen dem Blau der Trauer und dem rettenden Grün. In die vom himmlischen Smaragd beherrschte grüne Mondkuppel eilt der Shah nämlich am Montag, »ganz in Grün gekleidet, wie ein Engel, der vor dem Paradiesesgarten Wache hält«. In der hinduistischen Tradition wird diesem Tag die silberne Perle des Mondes zugeteilt. In der islamischen Überlieferung hingegen ist er mit dem Propheten Muhammad verknüpft, von dem überliefert ist, »daß er an einem Montag geboren wurde, daß die Offenbarung an einem Montag zu ihm kam, daß er an einem Montag Mekka verließ, um sich auf den Weg zu machen nach Medina, daß er an einem Montag dort ankam, und daß er an einem Montag gestorben sei«.

Daß **Grün** die Farbe des Islam wurde – grün sind nicht nur Mantel und Turban des Propheten Muhammad, grün ist auch das heilige Banner Sandschak-i-Sherif, die kostbarste Reliquie des Islam –, ist sicherlich auch darauf zurückzuführen, daß es in der arabischen Wüste das Leben schlechthin verkörpert. Einer Karawane auf ihrem Weg durch trockene Gebiete zeigt grüne Vegetation ein Wasservorkommen an, was erklärt, weshalb die Mystiker des Vorderen und Mittleren Orients Wasser stets grün dargestellt haben: Gemeint war nicht das Element an sich, sondern das, was es hervorbringt: grüne Vegetation, den Garten des Paradieses.

1945, bei der Gründung der Arabischen Liga, wurde festgelegt, daß alle Mitgliedsstaaten Grün in ihren Flaggen haben sollten. Neben Weiß und Orange taucht Grün auch in der Trikolore des Säkularstaats Indien auf. Ein eindeutiges optisches Signal, aus dem man in Indien auf die Präsenz des Islam schließen kann, sind grüne Fahnen und auch das grüne Neonlicht, das man in und um Moscheen und Heiligenschreinen findet.

Grün ist nicht nur im Islam die Farbe des Lebens. Die grüne Tara, die weibliche Ergänzung des grünen Meditationsbuddhas Amoghasiddhi, ist ebenso grün wie die Virgo Viridissima, die »Allergrünste Jungfrau«, als die Hildegard von Bingen den schöpferischen Aspekt der Gottesmutter schaute. In der Sufi-Tradition der Lataif ist das grüne *latifa*, das geistige Zentrum, in der Mitte der Brust angesiedelt, nach der Tradition des Tibetischen Totenbuchs begegnet die Seele des Verstorbenen am fünften Tag seiner Wanderung durch das Jenseits einem grünen Licht: »O Edelgeborener, höre gesammelt zu! Am fünften Tag scheint das grüne Licht Alleswirkender Weisheit, blendend grün, durchsichtig und leuchtend, herrlich und schreckenerregend, geschmückt mit Sternenwelten. Es wird dein Herz treffen, so wunderbar hell, daß du es kaum anzusehen vermagst. Fürchte es nicht. Das ist die natürliche Kraft der Weisheit deines eigenen Geistes ...«

Und zum Khizr, dem Hüter des Lebenswassers, den der Mystiker Ibn Arabi als grünen Ozean schaute und der »jenseits des Wassers des Todes« wohnt, gibt es in einem südfranzösischen Märchen als Entsprechung den »grünen Mann«, der die Vögel hütet und Herr aller fliegenden Tiere ist. Sowohl mit dem heiligen Georg als auch mit Elias wird Khizr gleichgesetzt; im Hebräischen versinnbildlicht er »den ewig grünenden Baum«, im Koran ist er der unerkannte, rätselhafte Führer, der Moses weiterhilft. Eine Begegnung mit ihm gibt Idries Shah in *Der Weg des Sufis* wieder.

»Eines Tages – ich stand gerade am Ufer des Flusses Oxus – beobachtete ich, wie ein Mann ins Wasser fiel. Ein anderer Mann, gekleidet wie ein Derwisch, lief herbei, um ihm zu Hilfe zu kommen, wurde dabei jedoch selbst ins Wasser gerissen. Plötzlich tauchte ein dritter Mann auf, in ein leuchtend grünes Gewand gehüllt, und warf sich in die Fluten. Als er die Wasseroberfläche berührte, schien sich seine Gestalt zu verändern; er war kein Mensch mehr, sondern ein Baumstamm.

Den beiden anderen Männern gelang es, sich daran festzuhalten, und gemeinsam hielten sie auf das Ufer zu. Ich konnte kaum glauben, was ich sah, und folgte aus einiger Entfernung, wobei ich mich hinter den dort wachsenden Büschen verbarg. Keuchend schleppten sich die beiden Männer auf sicheren Boden; der Baumstamm trieb im Wasser weiter. Ich beobachtete ihn, bis er außer Sichtweite der Männer an der Seite antrieb und der grün gekleidete Mann sich durchnäßt und schmutzig ans Ufer zog. Das Wasser strömte an ihm herab; bevor ich ihn erreichte, war er fast trocken. Ich warf mich vor ihm auf den Boden und rief: ›Du mußt Hadrat Khizr sein, der Grüne, Herr der Heiligen. Segne mich, denn dann wird es mir gelingen!‹ Ich fürchtete mich, sein Gewand zu berühren, weil es aus grünem Feuer zu bestehen schien. Er sagte: ›Du hast zuviel gesehen. Bedenke, daß ich aus einer anderen Welt komme und daß ich zum Schutze derjenigen da bin, die noch eine Aufgabe vor sich haben. Du magst ein Schüler von Sayed Imdadullah gewesen sein, aber du bist noch nicht reif für die Erkenntnis dessen, was wir um Gottes willen tun.‹ Als ich meinen Blick wieder auf ihn richtete, war er verschwunden, und alles, was ich hören konnte, war ein Rauschen in der Luft. Nach meiner Rückkehr aus Chotan sah ich denselben Mann wieder. Er lag auf einer Strohmatte in einem Rasthaus nahe Peschawar. Ich dachte mir: ›Das letzte Mal war ich zu roh, dieses Mal bin ich reif genug.‹ Ich ergriff sein Gewand, das sehr gewöhnlich zu sein schien – wenn ich auch darunter ein grünliches Glühen zu erblicken glaubte. ›Es kann sein, daß du Khizr bist‹, sagte ich. ›Ich muß wissen, wie ein scheinbar gewöhnlicher Mensch wie du diese Wunder wirken kann ... und warum. Zeige mir deine Kunst, damit auch ich sie ausüben kann.‹ Er lachte. ›Du bist ungestüm, mein Freund! Das letzte Mal warst du zu eigensinnig – dieses Mal bist du immer noch zu eigensinnig. Nur zu, erzähle jedem, dem du begegnest, daß du Khizr Elias getroffen hast; sie werden dich ins Irrenhaus stecken, und je mehr du dich darauf berufst, die Wahrheit zu sprechen, desto schwerere Ketten werden sie dir anlegen.‹ Dann holte er einen kleinen Stein hervor. Ich starrte ihn an – und fand mich augenblicklich paralysiert, zu Stein geworden, so lange, bis er seine Satteltaschen aufgehoben hatte und fortgegangen war. Wenn ich diese Geschichte erzähle, dann lachen die Menschen – oder sie halten mich für einen Geschichtenerzähler und geben mir Geschenke.«

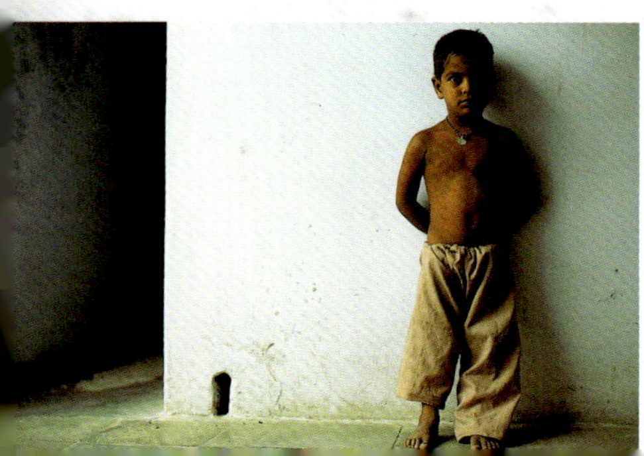
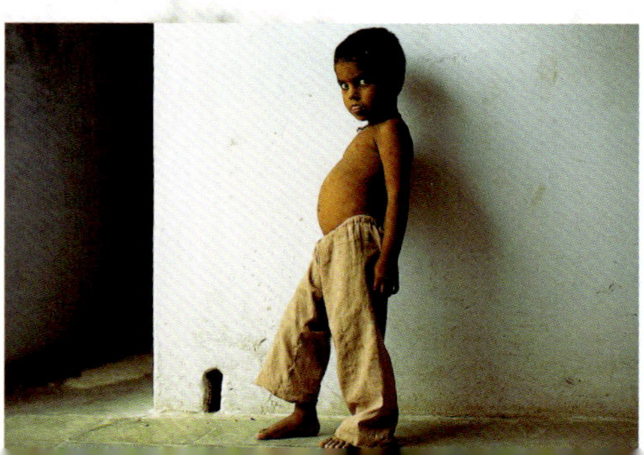
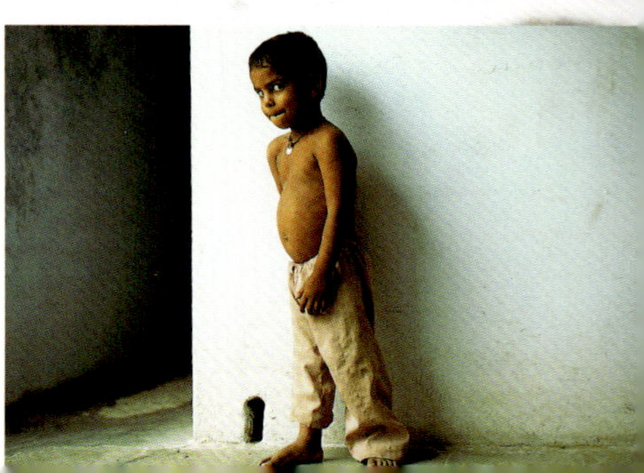

Himachal
Transport

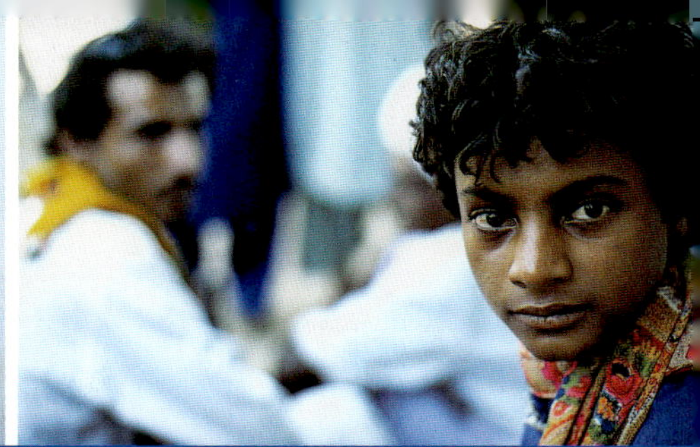

Nil – das Blau von jenseits des Meeres

Und gibt es eine bessere Farbe als Blau? Wählte sich nicht auch das Himmelsgewölbe blaue Seide zur Hülle? Wer blau ist wie der Himmel, bei dem sitzt die Sonne zu Gast. Dem Heliotrop gleicht er, der blauen Blume, welche die Inder »Sonnenanbeterin« heißen, weil sie ihr Antlitz immer der Sonne zugewandt hält. Sie verbirgt in der blauen Blüte ein Herz von Gold, das vom Himmelsfeuer ein Abglanz auf Erden ist.

Eine **Farbe** gibt es, bei der schon der Name auf Indien verweist: Indigo. Dafür, daß wir heute von Indien sprechen, ist der Geschichtsschreiber Plinius verantwortlich, der den Strom, der in der Nähe des heiligen Berges Kailash entspringt und sich, nachdem er sich durch das heutige Pakistan geschlängelt hat, schließlich in den Indischen Ozean ergießt, als Indus bezeichnete. An seinen Ufern wächst von jeher eine ein bis zwei Meter hohe Staude mit kleinen weißen oder rosaroten Blüten, die »indische Färberpflanze«, *Indigofera tinctoria*. Sie braucht ein heißes Klima, um zu gedeihen. Da Indigo, neben Purpur und Safran eine der ältesten bedeutenden Stoffarben, aus Indien nach Europa kam, wurde es mit diesem Land identifiziert.
Gewonnen wird der in der Indigopflanze enthaltene Farbstoff, indem man ihre Blätter in einem Bad aus Urin gären läßt – ein langwieriger Prozeß, den man auch in Europa kannte, denn dort wurde Blau ursprünglich mit Hilfe eines ganz ähnlichen Verfahrens mit Waid, *Isatis tinctoria*, gefärbt. Allerdings ist diese Pflanze weit weniger ergiebig und bringt eine wesentlich schwächere Tönung hervor. Nachdem Vasco da Gama 1498 den Seeweg nach Indien eröffnet hatte, wurde Indigo als eines der ersten Güter von portugiesischen Kauffahrern nach Europa gebracht. In den ägyptischen Pyramiden wurden sogar Mumien entdeckt, die schon vor 5000 Jahren in mit Indigo gefärbte Tücher eingewickelt worden waren. 1140 tauchte Indigo in Genua auf, 1228 wurde er als *Indaco baccadeo*, Indigo aus Bagdad, in den Marseiller Zolltarifen notiert. In Deutschland wurde echter Indigo über Italien eingeführt und hieß deshalb »Lampartischer endich«, lombardischer Indigo.
Als Folge der Indigoeinfuhr aus Portugal sahen sich die europäischen Waidfärber in ihrer Existenz bedroht. Die Herrscher wollten ihre Untertanen schützen. Aus Deutschland, wo die Blaufärber besonders stark vertreten waren, wurde Indigo zuerst verbannt. Schon Karl der Große hatte den Anbau von Waid, »Waisdo«, ebenso gefördert wie den von Krapp. Hunderte von Dörfern in Thüringen lebten davon, und die gelb blühenden Felder, von denen der in Fässer eingestampfte Farbstoff bis nach Skandinavien und England geliefert wurde, waren als das »goldene Vlies Thüringens« bekannt. Doch 1577 wurde »die neulich erfundne böse untüchtige, durchfressende Teufelsfarb« verboten.
Woraus Indigo besteht, wußte man auch 300 Jahre später noch nicht. »Er kommt aus Indien und hängt sich als Schlamm an den Schaum auf dem Rohr. Beim Sieben sieht er schwarz aus; bringt man ihn jedoch in ein flüssiges Medium, so läßt er eine wundervolle Mischung aus Purpur und Himmelblau hervorgehen. Will man ihn verfälschen, färbt man Taubenmist mit echtem Indigo oder tränkt Kreide aus Selinus oder Ringkreide mit Waid«, hatte man bei Plinius gelesen, und so galt er als »Schaum an indischen Rohren«. Noch im 18. Jahrhundert wurde Indigo in Deutschland als »indianischer Stein« verkauft. Sein Gebrauch war jedoch streng untersagt. In Nürnberg etwa mußten die Färber schwören, kein Indigo zu verwenden; auf Mißbrauch stand die Todesstrafe. Trotzdem waren von den anfangs 300 thüringischen

Färberdörfern 1629 nur noch ein Zehntel übrig. 1598 wurde die Einfuhr von Indigo dann auch in Frankreich verboten; in England ließ Elisabeth I. allen Indigo vernichten – allerdings nur, bis die Engländer 1611 selbst Handelsniederlassungen in Indien eröffneten und sich an der Einfuhr beteiligten. Und auch Frankreich lockerte die Verbote wieder, als es seinen eigenen Indigoimport aus Indien aufnahm. Als dann 1737 auch in Deutschland der Indigo wieder legalisiert wurde, kam der Anbau von Waid völlig zum Erliegen.

Mitte des 19. Jahrhunderts versuchten neugierige deutsche Chemiker, blaue Farbstoffe synthetisch herzustellen. Als Ausgangsmaterial diente ihnen Steinkohlenteer, ein Abfallprodukt der neuen Gasbeleuchtung, in dem derselbe Grundstoff enthalten war, den sie auch aus Indigostücken isoliert hatten: eine farblose Flüssigkeit, die sich blauviolett färbte, wenn man Chlorkalk hinzufügte. »Anilin« wurde sie in Anlehnung an das portugiesische *anil* genannt, das auf *nil*, das indische Wort für Indigo, zurückgeht. Freilich dauerte es noch einige Zeit, bis man auf diese Weise ein echtes Blau herstellen konnte.

Die erste aus Anilin gewonnene Farbe war das violette Mauvein; Fuchsin, ein künstliches Rot, die nächste. Die Farbwerke Bayer und Hoechst wurden 1863 gegründet, zwei Jahre später folgte die Badische Anilin- und Sodafabrik. Beide investierten Millionen, um synthetisches Indigo herzustellen. 1868 endlich gelang zwar die Synthese, aber in der Herstellung war es immer noch teurer als Gold. Erst 1897 kam die BASF, die an der Suche nach dem blauen Farbstoff fast bankrott gegangen war, mit einem billigen künstlichen Indigo auf den Markt. Innerhalb weniger Jahre brach die Indigoeinfuhr aus Indien zusammen. Jetzt wurde künstliches Indigo aus Deutschland exportiert.

In Indien spielt *nil* immer noch eine Rolle, vor allem als blauer Zusatz zu den durch seine Beimischung noch strahlender erscheinenden weißen Kleidungsstücken, die indische Männer bevorzugen. Seine Apotheose erlebte es in Jodhpur, der blauen Stadt in der Wüstenlandschaft von Radschasthan, die auf westliche Besucher einen surrealistischen Eindruck macht. Wenn man von der Festung Mehrangarh, die Rao Jodha, der Begründer der Stadt, auf einem Felsen erbaute, auf die Altstadt herabblickt, sieht man einen Flickenteppich aus verschiedenen Blauschattierungen.

Wie es dazu kam, daß die Einwohner ihre Stadt blau anstrichen, weiß niemand ganz genau. Einige Leute behaupten, daß ursprünglich nur die Brahmanen des Brahmapuri-Viertels ihren Wohnbezirk durch blaue Farbe kenntlich machten. Heute zeigt sich jedoch nicht nur ein Viertel, sondern die ganze Altstadt in einem leuchtenden Blau – und nicht nur an den Außenwänden, sondern sogar im Inneren der Häuser. Vielleicht hatte man entdeckt, daß die blaue Farbe Moskitos fernhält, vielleicht wollten die Bewohner von Jodhpur aber auch nur der Schwesterstadt Jaipur etwas entgegensetzen, deren heller Sandstein durch rosa Anstriche noch verstärkt wurde und ihren Ruhm als *pink city* begründete.

Was sich hier zeigt, ist aber auch die für Indien typische Freude an einer kollektiven Performance. So wie die Einwohner von Benares eine perkussive Sinfonie aufzuführen scheinen, zu der das Hämmern der Silberschmiede ebenso gehört wie die rhythmischen Schläge der Wäscher, die ihre Kleidungsstücke am Ufer des Ganges auf die Steine klatschen, das Schrillen der Fahrradklingeln, die Ruderzüge der Bootsleute und die Tablaspieler, die das Fell ihrer Trommeln mit akrobatisch anmutender Geschwindigkeit bearbeiten, so ist auch das Spiel mit Farben in Indien ein Vergnügen, dem man in Gemeinschaft frönt.

Auch als Stoffarbe ist Indigo auf dem indischen Subkontinent nach wie vor in Gebrauch. Von den *ustos*, den Färbern des Industals, wird er bis heute in einer Küpe angesetzt und durchläuft den Prozeß, der schon in den Färberbüchern der Antike und des Mittelalters beschrieben wurde. Allerdings wird der Gärungsprozeß der Blätter nicht mehr durch Urin angeregt, sondern durch Sodiumkarbonat, und außer Kalk setzt man der auf etwa 60 Grad erhitzten Brühe auch noch Rohrzucker zu. Das Indoxyl, das auf diese Weise entsteht, oxydiert erst an der Luft, also wenn die Stoffe aus der Brühe genommen werden, zu einem blauen Farbton. Als zweite Farbe kommt beim *ajrak*, dem Nationalstoff der Provinz Sindh im Süden Pakistans, der als Turban, Schultertuch, Schattenspender und Einkaufstasche Verwendung findet, ein dunkles Krapp hinzu – eine Kombination, deren Muster und Farben seit Jahrtausenden bekannt sind. Die ältesten Fragmente dieses Stoffes wurden in den Ruinen von Mohenjo Daro ausgegraben. Das Wort *ajrak* kommt vom arabischen *azraq*, »blau«, ebenso wie das europäische *azur* oder *azul*, das 944 in Europa auftauchte.

Das eigentliche »Blau von jenseits des Meeres« aber war das Ultramarin, der Farbstoff, der von *oltra mare*, vom anderen Ufer des Meeres, nach Europa gelangte. Er besteht aus gemahlenem *lapis lazuli* und war so teuer, daß er nur als dünne Schicht über anderen Untergründen aufgetragen wurde. Sein genauer Fundort, Badakhshan im heutigen Afghanistan, wurde in Europa erst durch Marco Polo bekannt, nachdem das blaue Farbpulver schon jahrhundertelang seinen Weg auf die Tafelbilder mittelalterlicher Maler gefunden hatte. Sein leuchtendes Blau vermochten die abendländischen Zeugdrucker, die mit Holzmodeln Stoffe mit Waid bedruckten, nicht nachzuahmen.

Verwendet wurde Ultramarin auch als Medikament gegen die »blauen« Krankheiten, Melancholie und Schlaflosigkeit, und vor allem von Malern. Allerdings war es teurer als Gold. Dem italienischen Maler Andrea del Sarto etwa wurde vertraglich vorgeschrieben, daß er den Mantel der Maria mit einem Ultramarinblau im Wert von mindestens fünf Florin die Unze zu malen habe, Albrecht Dürer notierte in seinem Ausgabenbuch, daß er Drucke im Wert von 12 Dukaten, dem Gegenwert von 42 Gramm Gold, gegen 30 Gramm Ultramarin getauscht habe: »Ich hab dem für 12 Ducaten Kunst für ein Untz gut Ultramarin gegeben.«

So konnten mittelalterliche Maler denn auch zahlreiche – unterschiedlich teure – Nuancen des Ultramarins unterscheiden. »Azzurro oltramarino ist wahrlich eine edle Farbe, schön, vollkommen über alle Farben ...«, schrieb um 1390 Cennino Cennini in seinem Traktat über die Malerei. »Und merke dir, daß es eine besondere Kunst ist, es gut zu bereiten. Und wisse, daß die jungen Schönen es besser zu machen verstehen als die jungen Männer, weil sie beständig daheimbleiben, geduldiger sind und zartere Hände haben.«

Die meist in Lapislazuli enthaltenen Kalkspat- und Pyrit-Einstreuungen herauszulösen ist eine langwierige Angelegenheit. Die ersten bekannten Verfahren stammen von Geber, dem arabischen Alchimisten Jabir Ibn Hajjan, der im 8. Jahrhundert lebte. Zunächst wurde der Stein nur zerstoßen und gewaschen, später zog man den Pyrit mit Magneten aus dem Pulver. Staunend berichtete Marco Polo von 49 Arbeitsgängen, die zur Gewinnung des Ultramarinpulvers nötig seien. Kein Wunder also, daß es oft mit billigeren Materialien gestreckt wurde. Anfang des 19. Jahrhunderts begann man, auch diesen Farbstoff zu analysieren. Sowohl der Franzose Jean Baptiste Guimet als auch der Deutsche Gmelin entdeckten Herstellungsverfahren; 1828 wurde in der Meißener Porzellanmanufaktur eine Ultramarinfabrikation etabliert. Um 1840 verschwand echtes Ultramarin vom Markt und von den Paletten der Maler, und erst in unserer Zeit taucht es bei dem Deutschen Manfred Scharpf wieder auf, der seine Karriere als Kirchenmaler begann und mit den alchimistischen Essenzen, die er in seinen Bildern verwendet, der Materie Respekt zollt.

Blau ist, im Osten wie im Westen, auch die Farbe der Tiefe und des Raums. In tibetischen Thangkas taucht Ultramarin oft als Hintergrundfarbe der Buddhadarstellungen auf, vor allem beim Ur-Buddha Vairocana, dem »All-Durchstrahlenden«, der auch »Mutter des Himmelsraumes« genannt wird. Als *nenshoku*, »Farbe des Gedenkens an Buddha«, wird Blau in der japanischen Kunst bezeichnet. Und Leonardo da Vinci erläuterte, wie man Blau einzusetzen habe, um Ferne anzudeuten: »Das etwas weiter Wegstehende machst du weniger profiliert und blauer. Das folgende, von dem du willst, daß es noch einmal so weit weg sei, machst du noch einmal so blau, und das, welches du fünfmal so weit entfernt willst aussehen lassen, machst du fünfmal blauer ... Das Blau setzt sich aus Licht und Finsternis zusammen, wie das Blau der Luft, aus äußerst vollkommenem Schwarz und vollkommen reinem Weiß.«

Für den Buddhismus repräsentiert Blau nicht die Luft, sondern das übergeordnete fünfte Element *akash*, das dem abendländischen Äther als Quintessenz der Elemente entspricht. Deshalb krönt eine blaue Flamme die stufenförmig übereinander gebauten Stupas, die die Elemente repräsentieren. Tiefblau ist auch das im Tibetischen Totenbuch geschilderte Licht, das den Verstorbenen als erstes erwartet, wenn er sich auf den Weg zu einer neuen Geburt macht: »Auf dieser Stufe muß du dich nicht einschüchtern lassen von dem göttlichen blauen Licht, das leuchtend, blendend und wunderbar erscheint, erschrick nicht davor ... Dies ist das Licht der Gnade Vairocanas.«

कालागोरा भैरू जी

Tausendundacht Namen trägt in Indien der vieldeutige Gott Shiva, der der Ekstase ebenso zugeneigt ist wie der Askese, Zerstörer der Welt wie auch Verkörperung lebensspendender Zeugungskraft. Einer davon ist *Nilakantha*, der »Blaukehlige«. Verdient hat ihn sich Shiva in den ersten Weltentagen, als Götter und Dämonen zusammenkamen, um *amrit*, das Elixier der Unsterblichkeit, zu suchen, denn anfangs waren die einen so sterblich wie die anderen. Sie wußten, daß es im Milchozean, dem kosmischen Urmeer, verborgen war, doch da weder Götter noch Dämonen allein die Kraft hatten, das lebensspendende Elixier ans Licht zu bringen, taten sie sich zusammen, um das Milchmeer zu quirlen – ganz ähnlich, wie man noch heute in Indien Butter herstellt. Als Quirlstock nahmen sie den Weltberg Meru, der sich von oben bis unten durch den Kosmos zieht, als Strick mußte die Weltenschlange Shesha herhalten. Die Götter faßten sie, aus Angst vor ihrem Gift, am Schwanz an, die Dämonen am Kopfende. Nach und nach kamen die kostbaren Essenzen ans Licht, aber der Unsterblichkeitstrank ließ trotz gewaltiger Anstrengungen auf sich warten. »Alsbald entquollen dem Urmeer schwarze Schlangen mit gewaltigen Zähnen und rote windfressende, weiße, gelbe und kuhschnäuzige Mücken und Bienen, Bremsen, Schmeißfliegen und Heuschrecken, Ohrwürmer und Eidechsen«, erzählt Heinrich Zimmer das in den altindischen Puranas geschilderte Ereignis nach. »Und in Meeres Mitte sahen sie einen leibhaft stehen, der war eine Stätte des Schrekkens für alle lebenden Wesen. Er glänzte dunkel wie Augensalbe, vermengt mit blauschwarzen Fliegen und Fluten schwarzer Farbe, er war grauenhaft und blies seinen Atem. Seine Stimme klang dumpf wie das Dröhnen einer geplatzten Pauke: ›O Vishnu, ich heiße Kalakuta – dem Weltmeer entstamme ich. Als Götter und Widergötter in heißem Zorn das gewaltige Weltmeer quirlten, wünschten sie dabei einander den Tod – da entstand ich, um alle Götter zu töten samt den Dämonen. Schlingt mich hinunter, allesamt, oder geht zum Gotte, der auf dem Berge wohnt!‹ Damit war der auf den Höhen des Himalaya thronende Shiva gemeint, und da sich weder Götter noch Dämonen trauten, das schreckliche Gift zu schlucken, begaben sie sich zu Shiva. Als das Gift die Kehle des Gottes erreicht hatte, sprach Brahma zu Shiva: ›Der Hals deines Leibes schimmert weiß in lichtem Schein wie Blüten von Jasmin – laß dazu das schwarze Gift in deiner Kehle wie einen Schwarm dunkelblauer Bienen glänzen!‹ ›So sei es!‹ sprach Shiva. Er hielt das Gift in seiner Kehle fest, davon ward sie blauschwarz, und davon heißt er Nilakantha, Blauhals.«

Nach und nach wurde Shiva dann völlig blau dargestellt. Mit Krishnas blauer Hautfarbe dagegen hat es eine ganz andere Bewandtnis. Sein Name bedeutet eigentlich der »Dunkle« oder der »Schwarze«, was in den Puranas damit begründet wird, daß Vishnu ihn aus einem schwarzen Haar, das er sich ausriß, erschuf.

TOP
GUN

Krishnas dunkle Hautfarbe mag aber auch damit zusammenhängen, daß er sich in der unteren Kaste der Kuhhirten von Braj verkörperte. *Varna*, die indische Bezeichnung für Kaste, bedeutet eigentlich »Farbe« – je tiefer die Kaste, desto dunkler wird sie. Krishnas Hautfarbe ist nicht schwarz oder blau, sondern dunkel. Sie hat die Farbe von Regenwolken, kurz bevor sie sich über die Erde ergießen. *Shyam* heißt diese Farbe, die dann auch zu einem Namen Krishnas wurde.

Als »Dieb der Farbe Krishnas« tituliert der große indische Dichter Kalidasa die Regenwolke in seinem Gedicht vom »Meghaduta«, dem Wolkenboten, dem er Grüße für seine ferne Geliebte mitgibt. Die Zeit des Monsuns gilt in Indien als die Jahreszeit, in der das Leben nach der Hitze des Sommers wieder erwacht. »Fast über Nacht schießt Gras aus dem Boden, und blattlose Bäume werden grün«, schreibt Khushwant Singh. »Schlangen, Tausendfüßler und Skorpione werden aus dem Nichts geboren. Der Boden ist übersät mit Regenwürmern, Marienkäfern und winzigen Fröschen. Nachts flattern Falter in riesigen Schwärmen um die Lampen. Sie fallen einem auf den Teller und ins Glas. Geckos flitzen herum und stopfen sich mit Insekten voll, bis sie so schwer sind, daß sie von der Decke fallen ... Kein Wunder, daß der Monsun ein häufiges Thema der bildenden Kunst, Musik und Literatur ist. Auf unzähligen Abbildungen sieht man Menschen auf Dächern, wie sie begierig zu den dunklen Wolken hinaufblicken, die am Horizont hervorquellen und vor denen Schwärme von Reihern vorbeiziehen. Unter den vielen Melodien der indischen Musik ist Raga Malhar die beliebteste, weil sie an fernes Donnergrollen und an das Plitsch-Platsch von Regentropfen erinnert – sie erfüllt die Nase mit dem Duft von Erde und grüner Vegetation, das Ohr mit dem Schrei des Pfaus und dem Ruf des Koel, des indischen Kuckucks.

Und auch die Melodie des Raga Desh beschwört Bilder der Lustbarkeit herauf, von Schaukeln in Mangohainen und dem Gesang und dem Lachen von Mädchen ... Das beliebteste Thema indischer Lieder ist das Verlangen, das im Herzen der Liebenden aufkeimt, sobald die Regenfälle in vollem Gang sind. Gibt es eine größere Freude als die Vereinigung in den Tagen des Monsuns, eine tiefere Trauer als die Trennung in der Regenzeit?«

का

Kala – die kosmische Nacht

Sie, die **Nacht**, gibt dem Mond Majestät, und
darum ist schwarz auch die Seide des königlichen Schirmes,
der im Zenit den Goldfalken trägt. Keine Farbe ist besser
als Schwarz – oder gibst du dem schwarzen Rücken
des Fisches nicht den Vorzug vor seinem weißen Gerippe?
Ist nicht schwarzes Haar das Zeichen der Jugend?
Auf Schwarz haftet kein Schmutz – und durch seine
Pupillenschwärze sieht das Auge die Welt im Licht!
Was wäre würdig, Wiege des Mondes zu sein, wenn nicht
die schwarze Nachthimmelseide?

Wenn die **Nacht** herannaht, schwinden die Farben. Die untergehende Sonne scheint sie mit sich zu nehmen. Formen werden zu Schatten. Sie sind dunkel, und was sich hinter ihren Umrissen verbirgt, können wir nur noch ahnen. Mit der Abenddämmerung betreten wir eine Welt der Geheimnisse und Paradoxa. »Das Licht, das Dinge sichtbar macht, macht zugleich manches unsichtbar«, griff der englische Philosoph Sir Thomas Browne im 17. Jahrhundert einen Gedanken der Antike auf. »Gäbe es nicht das Dunkel und den Schatten, der edelste Teil der Schöpfung bliebe ungeschaut, und die Sterne am Himmel wären so unsichtbar wie am vierten Tag, als sie erschaffen wurden über dem Horizont, mit der Sonne, und es gäbe da kein Auge, sie zu betrachten. Das größte Mysterium des Glaubens wird durch den Schatten angedeutet. Das Leben ist nur der Schatten des Todes, und die Seelen verlassen nur die Schatten der Lebenden: Alle Dinge fallen unter diese Bezeichnung. Die Sonne ist nur das dunkle Schattenbild und das Licht der Schatten Gottes.«

»Der Schatten Gottes auf Erden« lautete denn auch ein Titel des Moghulkaisers Akbar. Doch die seltsame Scheu vor dem Schatten, dem Schlemihl, der eine eigene Existenz zu haben und magische Kräfte zu besitzen scheint, kennen auch die Inder. Ein Brahmane galt nicht nur dann als verunreinigt, wenn ein Shudra, ein Kastenloser, ihn berührte, sondern schon dann, wenn nur dessen Schatten auf ihn gefallen war. Und Schatten malten die indischen Maler der Mogulzeit auch dann nicht auf ihre Miniaturen, als ihre europäischen Kollegen schon längst zu perspektivischer Darstellung übergegangen waren. Dieser alte Gegensatz von *lux* und *lumen*, von strahlendem Eigenlicht und der Beleuchtung durch andere Lichtquellen, wurde auch im mittelalterlichen Europa viel diskutiert. Seine Apotheose erlebte das strahlende Eigenlicht in dem Strahlenkranz, der den auferstandenen Christus des Isenheimer Altars umgibt – einer Aureole von leuchtendem Orange, das auf seltsame Weise indisch wirkt.

In Indien tauchen Schatten selbst bei zeitgenössischen indischen Malern kaum auf. Vielmehr bemühen sich diese wie in keiner anderen Kultur darum, die Leuchtkraft der Farben zu erhalten. Harish Johari etwa, ein indischer Philosoph und Künstler, hat eine einzigartige Maltechnik neu belebt. Entdeckt hatte er sie auf alten buddhistischen Stoffragmenten, die ihre ursprüngliche Leuchtkraft über mehr als tausend Jahre hinweg bewahrt hatten. Bei dieser Technik werden Farbpigmente in einem langwierigen Prozeß immer wieder auf einen Seidenuntergrund aufgetragen und ausgewaschen, bis die Pigmente ganz in die Struktur des Stoffes eingedrungen sind und sozusagen von innen zu leuchten beginnen.

Schatten grenzen Schwarz und Weiß voneinander ab. Erkennen können wir Gegenstände in der Dämmerung nur noch anhand der Linien, die zwischen Licht und Finsternis entstehen – ein elementares Phänomen, das Menschen auf der ganzen Erde gleichermaßen erleben. Dem Schwinden des Lichts und der nächtlichen Dunkelheit aber begegnen verschiedene Kulturen auf unterschiedliche Weise. Ganz genau

mußte das Einsetzen der Nacht im Islam definiert werden, denn im Ramadan ist dies der Moment, in dem die Fastenden, die unter der Hitze des Tages gelitten und weder feste noch flüssige Nahrung zu sich genommen haben, wieder essen und trinken dürfen. Kein Wunder also, daß ein arabischer Wissenschaftler im 10. Jahrhundert die erste Abhandlung über das Zwielicht schrieb und es auch mathematisch definierte. Ibn al Haytham berechnete, daß es beginnt und endet, wenn die Sonne 19 Grad unter dem Horizont steht. Allgemein stellen Muslime den Beginn der Nacht jedoch anders fest: Wenn man einen weißen und einen schwarzen Faden in der Dämmerung nicht mehr unterscheiden kann, hat die Nacht begonnen, heißt es in der islamischen Tradition.
Diese Definition macht sich das Phänomen zunutze, daß wir ab einem bestimmten Zeitpunkt den Farbwert von Schwarz und Weiß nicht mehr unterscheiden können. Der physiologische Vorgang ist freilich nur ein Gleichnis, der eine Fülle philosophischer und theologischer Schlußfolgerungen nach sich zieht. Mit der Austauschbarkeit von Schwarz und Weiß gelangen wir ins Land der Paradoxa. Denn auch wenn wir mit dem Prinzip der Rayleighschen Streuung erklären zu können glauben, warum der Taghimmel blau ist, bereitet der schwarze Nachthimmel den Wissenschaftlern immer noch Kopfzerbrechen. Schwarz könne er nur sein, wenn das Weltall endlich ist, besagt das Olberssche Paradoxon.
Doch vollkommenes Schwarz können wir gar nicht sehen. Selbst die schwärzeste Oberfläche reflektiert noch Licht. Und auch wenn wir die Augen schließen, flammen aus der Finsternis all die Signale auf, die unsere Nervenzellen heraufbeschwören. Für die Mystiker erscheint aus dem Schwarz das Licht. Jakob Böhme sprach von einer »überhellen Nacht«, die Sufis sprechen vom »schwarzen Licht« – dem völligen Blackout, der *fana*, der Auslöschung aller Dinge, die das Erscheinen des göttlichen Lichts im Bewußtsein des Mystikers begleitet. Sechs farbige Täler muß der Novize in der persischen Lichtmystik durchwandern, ehe er zum siebten, zum leuchtend schwarzen Tal gelangt, wo er gefragt wird: »Siehst du das Schwarz, das Licht der göttlichen Essenz? Das Lebenswasser ist in dieser Finsternis.« Und in der europäischen Mystik des Mittelalters ist die Rede vom »dunkelsten Strahl, der aus der Urgottheit vor aller Erschaffung kam, von jenseits aller Welt und allen Seins«.
»O Nacht, du bist Erlösung aller Wesen, bist der Weltmeere große Dünung«, spricht in Indien der Schöpfergott Brahma seine erstgeborene Tochter an. »Du bist der Ursprung aller benannten Dinge, bist Bestand, der die Welten schirmt, und bist die Dunkelnacht des Todes, die alle Welten und Wesen vernichtet. Du schenkst, o Nacht, die Seligkeit der Umarmung Liebender. Die dich preisen, Gabenschenkende, oder dir Verehrung bezeugen, erlangen alles, was sie wünschen.«

Die Finsternis, die hier beschrieben wird, eröffnet eine kosmische Dimension; sie reicht in die Tiefen des Weltraums ebenso wie ins Innere. Mit ihr stehen wir am Beginn und am Ende der Zeit. Es ist sicher kein Zufall, daß *kala*, das indische Wort für schwarz, zugleich auch Zeit bedeutet. Wenn die weiße Göttin, der wir in der Morgenröte des indischen Tages begegnet sind, als »erstgeborene Tochter der Zeit« gilt, steht an deren Ende Kali, die schwarze Göttin, die die paradoxe Natur der Schöpfung verkörpert. Wie die Nacht ist sie die Gebärerin allen Lebens und zugleich ihre Zerstörerin. »Die Sterne sind erloschen, Wolken schieben sich vor Wolken, das Dunkel erschaudert, von Dröhnen erfüllt«, beginnt Swami Vivekananda eine apokalyptische Hymne an den schrecklichen Aspekt der Muttergöttin. »Das Meer wirft sich in den Aufruhr, peitscht Wellen berghoch auf bis an den schwarzen Himmel. Fahles Licht lodert auf, und rundum sieht man tausend, tausend Schatten des Todes, schwarz und sudlig, Seuchen und Nöte verbreitend, in wilder Freude tanzend. Komm, Mutter, komm! Denn Schrecken ist dein Name, Tod dein Atem. Du bist ›Zeit‹, die Alles-Vernichterin! Komm, Mutter, komm! Wer's wagt, das Elend zu lieben und den Tod zu umarmen, den Tanz der Zerstörung zu tanzen, zu ihm kommt die Mutter.« Doch wenn Kali als ausgemergelte Hexe mit knochigen Fingern dargestellt wird, die ihren Opfern mit gierigen Händen die Eingeweide herausreißt und ihr Blut trinkt – um den Hals eine Girlande aus abgeschlagenen Köpfen, ein Schwert in der einen, eine Schere zum Abschneiden des Lebensfadens in der anderen Hand –, so ist dies nur die eine Seite. »Wer Nahrung ißt, ißt Nahrung durch mich; wer mit seinen Augen sieht, wer atmet, ja wahrlich, wer hört, was auch immer gesagt wird, tut es durch mich«, sagt sie von sich in einer Hymne des 8. Jahrhunderts, geschrieben von Shankaracharya, einem der größten indischen Philosophen.

Als Annapurna, »reich an Nahrung und Besitzerin der Fülle eßbarer Dinge«, wird Kali zur Mutter, die alle ihre Kinder füttert, und diesmal trägt sie in einer Hand eine Schöpfkelle und in der anderen das Gefäß des Überflusses, aus dem sie süßen Milchreis verteilt. »Einem Inder ist die Einseitigkeit verwunderlich, mit der die westliche Welt das Antlitz des Göttlichen ins Milde, Undämonische, Unverzerrbare erklärt hat, wo doch im Lebensganzen ständig alles beieinander ist«, kommentierte Heinrich Zimmer diese Doppelnatur der schwarzen Göttin, die Europäern manchmal widersprüchlich erscheint. »Es ist, als hätte Gott sich für die einseitig stilisierte Maske gerächt, die man ihm hat aufstülpen wollen – zuerst durch die mittelmäßige Erfindung des Teufels, der alles übernehmen mußte, was sich mit diesem einseitigen Gottesgesicht nicht vertrug, dann, indem der Teufel unglaubwürdig wurde, und neuerdings durch den Umstand, daß der Mensch dasteht in einer Welt, die ihm keinen Sinn sagt, und ohne einen Gott, ja sogar ohne einige gute Beziehungen zu den eigenen Teufeln. Das scheint die ironische Rache des Göttlichen zu sein für die willkürliche Verklärung, die man ihm angetan hat.«

Eine **schwarze** Göttin gab es auch in Kleinasien: Kybele, die »Göttermutter vom Berge Ida«, die in Gestalt eines schwarzen Meteorsteins verehrt wurde, Zeuge uralter Kulte. Auf eigenen Wunsch soll sie 204 v. Chr. Einzug in Rom gehalten haben. Da es auch dem Christentum nicht gelang, die Verehrung der schwarzen Göttin abzuschaffen, wurde 431 n. Chr. auf dem Konzil in Ephesos beschlossen, die der Kybele geweihten Heiligtümer in Stätten der Marienverehrung umzufunktionieren.
Schwarz war in Europa die Farbe der asketischen Mönchsorden und der Inquisition. Ende des 15. Jahrhunderts machte der ultrakonservative spanische Königshof es zur Modefarbe der westlichen Welt. Martin Luther erkor Schwarz zur Farbe des protestantischen Klerus, und im 17. Jahrhundert geißelte der italienische Utopist Tomasso Campanella die allgemeine Vorliebe für schwarze Kleidung als Ausdruck der dekadenten, ja verruchten Sitten seiner materialistischen Zeit. Schwarz setzte sich als Farbe der Macht und des Reichtums durch, und in der gesamten westlichen Welt ist sein Bann bis heute ungebrochen.
Bei den Hindus dagegen gilt Schwarz bis heute als tabu. Sie sprachen vom *kala pani*, vom »schwarzen Wasser« der Ozeane, das Indien vom Rest der Welt trennte und schützte. Es zu überqueren bedeutete für einen Brahmanen Verunreinigung, und noch im 20. Jahrhundert drohten konservative Landsleute den indischen Politikern und Maharadschas, die zur Londoner Round-Table-Konferenz und zur Krönung Georgs V. reisen wollten, mit dem Ausschluß aus ihrer Gemeinschaft. Vor Schwarz hat man in Indien eine weitaus größere Scheu als in Europa. Kaum jemand trägt diese Farbe, und entdeckt man einmal einen schwarzen Schal, wird er durch silberne oder goldene Stickereien in ein Abbild des Nachthimmels verwandelt.
Eines der Bilder, die Indien für das Selbst gefunden hat, ist der *purusha*, der kleine Mann, den man im Schwarz der Pupille seines Gesprächspartners sieht. »Das Selbst ist jener Mann, den man im Auge sieht«, heißt es in der *Chandogya-Upanishad*, »er ist das Unsterbliche, das Ungefährdete, er ist das Brahman.« Und in der *Brhadaranyaka-Upanishad* ist ein Gespräch überliefert, das der Weise Yajnavalkya mit dem König Janaka führte.
»Der Aufenthaltsort des Brahman ist das Auge«, sagte der Weise zum König, »sein Ausgangsort ist der Raum zwischen Himmel und Erde. Man soll das Brahman als ›Wahrheit‹ mystisch verehren.« – »Was ist das Wesen der Wahrheit, Yajnavalkya?«, fragte der König. »Das Auge, Großkönig«, sprach der Weise. »Zu einem, der wirklich mit dem Auge wahrnimmt, Großkönig, sagt man: Hast du es gesehen? Darauf sagt er: Ich habe es gesehen. Damit entsteht Wahrheit. Wahrlich, Großkönig, das höchste Brahman ist das Auge.«
Dieser *purusha*, der wahrnehmende Mensch, steht *prakriti*, der Schöpfung, gegenüber; die Farben der Welt, gesehen durch die schwarze Pupille des Auges – und die Linse der Kamera, durch die die Bilder gegangen sind, die Sie auf den Seiten dieses Buches sehen.

Bildnachweis

Die Zahlen beziehen sich auf die Seiten, die Numerierung bei den Bildleisten erfolgt von links nach rechts.

4 Pushkar, Rajasthan
6 Kullu, Kullu-Tal, Himachal Pradesh
8/9 Kalpa, Kinnaur, Himachal Pradesh
Leiste
1 Parbati-Tal, Himachal Pradesh
2 Rishikesh, Uttar Pradesh
3 Parbati-Tal, Himachal Pradesh
4, 5, 6 Pushkar, Rajasthan
10/11 alle Pushkar, Rajasthan
12/13 Pushkar, Rajasthan
Leiste
1 Than, Kutch, Gurjarat
2 Sangla-Tal, Kinnaur, Himachal Pradesh
3 Khavda, Kutch, Gujarat
4 Lahaul, Himachal Pradesh
5, 6 Pushkar, Rajasthan
14/15 Lingti-Tal, Spiti, Himachal Pradesh
Leiste
1 Rishikesh, Uttar Pradesh
2, 3 Jodhpur, Rajasthan
4 Jodhpur, Rajasthan
5 Rishikesh, Rajasthan
6 Chandra-Tal, Lahaul, Himachal Pradesh
17 *Leiste*
1 Kotagiri, Nilgiri-Berge, Tamil Nadu
2, 3 Pushkar, Rajasthan
18/19 Parbati-Tal, Himachal Pradesh
20 Than, Kutch, Gujarat
23 Rishikesh, Uttar Pradesh
24/25 Cochin, Kerala
26/27 Pushkar, Rajasthan
28 Kotagiri, Nilgiri-Berge, Tamil Nadu
30/31 Pushkar, Rajasthan
33 Mt. Abu, Rajasthan
34 Parbati-Tal, Himachal Pradesh
35 Spiti-Tal, Himachal Pradesh
36 Hampi, Karnataka
39 Spiti-Tal, Himachal Pradesh
40/41, 42/43 Pushkar, Rajasthan
45 Udaipur, Rajasthan
46/47 *Leiste*
1 Pushkar, Rajasthan
2 Udaipur, Rajasthan
3 Rishikesh, Uttar Pradesh
4 Pushkar, Rajasthan
48/49 bis 60/61 Pushkar, Rajasthan
62 Neu-Delhi, Haryana
64/65 bis 74/75 Pushkar, Rajasthan
76/77 Than, Kutch, Gujarat
78 bis 86 Pushkar, Rajasthan
87 bis 90/91 Udaipur, Rajasthan
92 Pushkar, Rajasthan
94 Pushkar, Rajasthan
96/97 Than, Kutch, gujarat
98/99, 100/101 Pushkar, Rajasthan
102/103 Cochin, Kerala
105, 107 Hampi, Karnataka
108 Neu-Delhi, Haryana
109, 110 Jaisalmer, Rajasthan
111 Badami, Karnataka
113 *Leiste*
1 Cochin, Kerala
2 Jaipur, Rajasthan
3 Rakchham, Sangla-Tal, Himachal Pradesh
114/115 Lahaul, Himachal Pradesh
116 Pushkar, Rajasthan
118/119 Cochin, Kerala
120 Than, Kutch, Gujarat
122/123 Jaipur, Rajasthan
124 Than, Kutch, Gujarat
126/127 Sangla-Tal, Kinnaur, Himachal Pradesh
129 Pushkar, Rajasthan
130 Agra, Uttar Pradesh
131 Jaipur, Rajasthan
132 Khavda, Kutch, Gujarat
133, 134 Lingti-Tal, Spiti, Himachal Pradesh
135 Dankhar, Spiti-Tal, Himachal Pradesh
136/137 Pushkar, Rajasthan
138 Bhuj, Kutch, Gujarat
139 Hampi, Karnataka
140 Cochin, Kerala
141 Kasol, Parbati-Tal, Himachal Pradesh
142/143 Rishikesh, Uttar Pradesh
144/145 Rakchham, Sangla-Tal, Himachal Pradesh
147 *Leiste*
1 Lahaul, Himachal Pradesh
2 Bhuj, Kutch, Gujarat
3 Khavda, Kutch, Gujarat
148/149 bis 152/153 Jodhpur, Rajasthan
154 Pushkar, Rajasthan
155, 158/159 Jodhpur, Rajasthan
160/161 Spiti-Tal, Himachal Pradesh
164/165 Jodhpur, Rajasthan
166 Hampi, Karnataka
168/169 Cochin, Kerala
171 Jodhpur, Rajasthan
172/173 Bhuj, Kutch, Gujarat
175 Jodhpur, Rajasthan
176/177 Chandra-Tal, Lahaul, Himachal Pradesh
178 Rishikesh, Uttar Pradesh
180/181, 182 Jodhpur, Rajasthan
184 Nilgiri-Berge, Tamil Nadu
188/189 Parbati-Tal, Himachal Pradesh

Zitatnachweis

Die Zahlen beziehen sich auf die Seiten, auf denen Zitate vorkommen.

21 ebenso 51, 79, 117, 151 und 179 Nizami, *Die sieben Geschichten der sieben Prinzessinnen*, Zürich 1959
27 W. J. Wilkins, *Hindu Mythology Vedic and Puranic*, Kalkutta 1982, S. 483ff.
37 Eva Heller, *Wie Farben wirken*, Reinbek 1997
44 Heinrich Zimmer, *Indische Mythen und Symbole*, München 1997, S. 115-122
53 Erstes Goethezitat zit. nach Heller, S. 206
53 Zweites Goethezitat zit nach Veena Kade-Luthra (Hg.), *Sehnsucht nach Indien*, München 1991, S. 82
55 Raghubir Singh, *River of Colour*, London 1998, S. 8
55 Singh, S. 8
63 Singh, S. 11
63 Ananda K. Coomaraswamy, *The Transformation of Nature in Art*, New York 1956, S. 24
83 Ernst Peter Fischer, *Die Wege der Farben*, Konstanz 1994, S. 89
83 Fischer, S. 98
193 Maragarete Bruns, *Das Rätsel Farbe*, Stuttgart 1998, S. 166
193 Bruns, S. 172
106 Bruns, S. 94
121 Nizami, S. 159
124 Nizami, S.207
124 Zit. nach Hans Gercke (Hg.), *Blau: Farbe der Ferne*, Heidelberg 1995 (Ausstellungskatalog), S. 77
124 Zit. nach Ahmad Ibn Hanbal, in Überlieferung von Ibn Abbas
128 Bruns, S. 135
133 Idries Shah, *Lebe das wirkliche Glück*, Freiburg 1996, S. 146f.
156 Bruns, S. 144
162 Gercke, S. 37
163 Gercke, S. 19
163 Bruns, S. 164
167 Heinrich Zimmer, *Maya. Der indische Mythos*, Frankfurt 1978
170 Dieter Riemenschneider (Hg.), *Shiva tanzt. Das Indien-Lesebuch*, Zürich 1987, S. 114f.
183 Bruns, S. 234
185 Bruns, S. 244
185 Zimmer 1978
186 Martin Kämpchen, *Krishnas Flöte. Religiöse Liebeslyrik aus Indien*, Freiburg 1979, S. 88
186 Zimmer 1978
187 Paul Thieme (Hg.), *Upanischaden*, (Auswahl) Stuttgart 1974, S. 21f.

Weiterführende Literatur

Dimmitt, Cornelia, und J. A. B. van Buitenen, *Classical Hindu Mythology. A Reader in the Sanskrit Puranas*, Philadelphia 1978

Gage, John, *Kulturgeschichte der Farbe von der Antike bis zur Gegenwart*, Ravensburg 1997

Gay, John, und Deborah Swallow (Hgs.), *Arts of India: 1550–1900*, London 1990

Guseva, Natalja Romanovna, *Indien. Jahrtausende und Gegenwart*, Leipzig und Weimar 1985

Huyler, Stephan P., *Die Bilder Indiens*, München 1994

Johari, Harish, *Die sanfte Kraft der edlen Steine*, Aitrang 1987

Johari, Harish, *Das große Chakra-Buch*, Freiburg 1979

Kalidasa, *Werke*, Leipzig 1983

Silvestrini, Narciso et. al. (Hgs.), *Farbsysteme in Kunst und Wissenschaft*, Köln 1998

Thieme, Paul (Hg.), *Gedichte aus dem Rig-Veda*, Stuttgart 1964

Die Deutsche Bibliothek verzeichnet diese Publikation in der
Deutschen Nationalbibliografie; detaillierte bibliografische Daten
sind im Internet unter http://dnb.ddb.de abrufbar.

www.frederking-thaler.de

Alle Bilder entstanden mit R-Spiegelreflexkameras
und Leica R-Objektiven der folgenden Brennweiten:
Elmarit-R 1:2,8/19 mm, Summicron-R 1:2/35 mm,
Summilux-R 1:1,4/50 mm, Apo-Macro-Elmarit-R 1:2,8/100 mm,
Apo-Telyt-R 1:3,4/180 mm, Apo-Extender-R 2x.
Als Filmmaterial wurden Fujichrome Velvia und Fujichrome
Sensia Diapositivfilme verwendet. Auf den Einsatz von Filtern wurde,
mit Ausnahme von Uva-Filtern, verzichtet.

Text: Peter Pannke, Berlin
Fotografie: Boris Potschka, Marburg
Vorwort: Raj Kamal Jha, New Delhi
Lektorat: Irene Rumler, München
Umschlaggestaltung, Gesamtlayout: Xaver Sedlmeir, Augsburg
und Stefan Vogt, München
Herstellung: Büro Caroline Sieveking, München
Reproduktion: NovaConcept, Berlin
Druck und Bindung: Passavia Druckservice GmbH, Passau

Printed in Germany

ISBN 3-89405-537-5

Umwelthinweis: Das Papier wurde aus chlorfrei gebleichtem Zellstoff hergestellt und enthält keine Aufheller. Die Einschweißfolie – zum Schutz vor Verschmutzung – ist aus umweltfreundlicher und recyclingfähiger PE-Folie.